世界五千年
科技故事丛书

卢嘉锡题

世界五千年科技故事丛书

海陆空的飞跃

火车、轮船、汽车、飞机发明的故事

丛书主编　管成学　赵骥民

编著　李湘洲　李旭

吉林出版集团 | 吉林科学技术出版社

图书在版编目（CIP）数据

海陆空的飞跃 ： 火车、轮船、汽车、飞机发明的故事 / 管成学, 赵骥民主编. -- 长春 ： 吉林科学技术出版社，2012.10（2022.1 重印）
ISBN 978-7-5384-6121-3

Ⅰ.① 海… Ⅱ.① 管… ② 赵… Ⅲ. ① 交通工具--普及读物 Ⅳ.① U-49

中国版本图书馆CIP数据核字（2012）第156315号

海陆空的飞跃：火车、轮船、汽车、飞机发明的故事

主　　编　管成学　赵骥民
出 版 人　宛　霞
选题策划　张瑛琳
责任编辑　万田继
封面设计　新华智品
制　　版　长春美印图文设计有限公司
开　　本　640mm×960mm　1 / 16
字　　数　100千字
印　　张　7.5
版　　次　2012年10月第1版
印　　次　2022年1月第4次印刷

出　　版　吉林出版集团
　　　　　吉林科学技术出版社
发　　行　吉林科学技术出版社
地　　址　长春市净月区福祉大路 5788 号
邮　　编　130118
发行部电话 / 传真　0431-81629529　81629530　81629531
　　　　　　　　　　81629532　81629533　81629534
储运部电话　0431-86059116
编辑部电话　0431-81629518
网　　址　www.jlstp.net
印　　刷　北京一鑫印务有限责任公司

书　　号　ISBN 978-7-5384-6121-3
定　　价　33.00元

序 言

十一届全国人大副委员长、中国科学院前院长、两院院士

路甬祥

放眼21世纪，科学技术将以无法想象的速度迅猛发展，知识经济将全面崛起，国际竞争与合作将出现前所未有的激烈和广泛局面。在严峻的挑战面前，中华民族靠什么屹立于世界民族之林？靠人才，靠德、智、体、能、美全面发展的一代新人。今天的中小学生届时将要肩负起民族强盛的历史使命。为此，我们的知识界、出版界都应责无旁贷地多为他们提供丰富的精神养料。现在，一套大型的向广大青少年传播世界科学技术史知识的科普读物《世

界五千年科技故事丛书》出版面世了。

　　由中国科学院自然科学研究所、清华大学科技史暨古文献研究所、中国中医研究院医史文献研究所和温州师范学院、吉林省科普作家协会的同志们共同撰写的这套丛书，以世界五千年科学技术史为经，以各时代杰出的科技精英的科技创新活动作纬，勾画了世界科技发展的生动图景。作者着力于科学性与可读性相结合，思想性与趣味性相结合，历史性与时代性相结合，通过故事来讲述科学发现的真实历史条件和科学工作的艰苦性。本书中介绍了科学家们独立思考、敢于怀疑、勇于创新、百折不挠、求真务实的科学精神和他们在工作生活中宝贵的协作、友爱、宽容的人文精神。使青少年读者从科学家的故事中感受科学大师们的智慧、科学的思维方法和实验方法，受到有益的思想启迪。从有关人类重大科技活动的故事中，引起对人类社会发展重大问题的密切关注，全面地理解科学，树立正确的科学观，在知识经济时代理智地对待科学、对待社会、对待人生。阅读这套丛书是对课本的很好补充，是进行素质教育的理想读物。

　　读史使人明智。在历史的长河中，中华民族曾经创造了灿烂的科技文明，明代以前我国的科技一直处于世界领先地位，涌现出张衡、张仲景、祖冲之、僧一行、沈括、郭守敬、李时珍、徐光启、宋应星这样一批具有世界影响的科学家，而在近现代，中国具有世界级影响的科学家并不多，与我们这个有着13亿人口的泱泱大国并不相称，与世界先进科技水平相比较，在总体上我国的科技水平还存在着较大差距。当今世界各国都把科学技术视为推动社会发展的巨大动力，把培养科技创新人才当做提高创新能力的战略方针。我国也不失时机地确立了科技兴国战略，确立了全面实施素质教育，提高全民素质，培养适应21世纪需要的创新人才的战略决策。党的十六大又提出要形成全民学习、终身学习的学习型社会，形成比较完善的科技和文化创新体系。要全面建设小康社会，加快推进社会主义现代化建设，我们需要一代具有创新精神的人才，需要更多更伟大的科学家和工程技术人才。我真诚地希望这套丛书能激发青少年爱祖国、爱科学的热情，树立起献身科技事业的信念，努力拼搏，勇攀高峰，争当新世纪的优秀科技创新人才。

目 录

目 录

富尔顿与轮船

蒸汽机的诞生

古老的船只是依靠人力、风力的驱动而航行在江河、海洋上的。到18世纪下半叶，蒸汽机的应用提供了新的动力，人们开始把蒸汽机用于推动船舶的航行上。

让我们从蒸汽机的诞生谈起吧。

每当人们提起蒸汽机，就很自然地想到了瓦特，因为在许多人的印象中，蒸汽机是瓦特发明的。长期以来，甚至还流传着这样一个故事：

瓦特小时候，有一次到姨妈家去做客，看见火炉上水壶里的水烧开后，蒸汽把壶盖都掀动了。顽皮的瓦特用东西把壶嘴堵住以后，蒸汽竟然把整个壶盖掀掉了。"蒸汽竟有这么大的力量？"瓦特非常吃惊。后来，瓦特受这件事的启发，终于发明了蒸汽机。

詹姆斯·瓦特（James Watt，1736—1819），1736年1月19日生于苏格兰格里诺克，这里是格拉斯哥市附近的一个小港口。瓦特的父亲是一位精明能干的造船技师，在格里诺克经营一个小作坊，专门修理船上的装备和仪器。

瓦特从小体弱多病。在学校里，他举止文静，成绩很好。每天放学后，他就往父亲的作坊里跑，专心看那些老师傅制造模型，修理罗盘、望远镜等航海仪器。父亲看到儿子喜欢工匠活，非常高兴，就给他一套工具和材料供他使用。瓦特从小就学会了使用工具，学习自己制造模型。

瓦特中学毕业时，父亲的事业遇到了挫折，接着母亲又去世了。刚满17岁的瓦特只好放弃上大学的打算，决心学好手艺，当一名仪器制造师。

瓦特到了伦敦，在仪器制造师摩根的门下拜师学艺。少年时代就有过良好训练的瓦特，学艺进步很快。他7月开始学习，8月5日开始做一架航海定方位用的象限仪，到

8月23日就做成了。摩根师傅很高兴，于是10月份教他做直尺，11月份教他做方位罗盘……

瓦特白天在作坊里学艺，一直干到晚上9时，第二天天一亮又起来干。他抓紧一切时间学艺，不仅向老师傅学，也向周围的师兄们学。

瓦特省吃俭用，拖着瘦弱多病的身体坚持了一年，在1756年7月学艺期满了。

父亲看到瘦弱的儿子学艺归来十分高兴，要他先在家中好好休息，养养身体。可是，瓦特十分惦记着迪克博士许下的诺言。原来，迪克博士曾经答应瓦特学艺成功之后，介绍他到格拉斯哥大学去工作。

三个月以后，瓦特的健康状况有了好转，他在家中再也待不住了。1756年10月，他带着工具信心十足地到了格拉斯哥。

说来也巧，格拉斯哥大学正有一项任务在等待着他去完成。

原来，格拉斯哥大学刚由牙买加购进一套天文仪器。由于长时间的海上运输，这套仪器受到颠簸震动，又受到含盐湿气侵蚀，因此需要清洗和维修。学校正愁找不到好的仪器工匠时，瓦特来了。

迪克博士为瓦特安排了工作室。瓦特勤奋地工作了一个月，把全部仪器清洗、维修好了。学校对瓦特的工作很满意。从此，瓦特就在格拉斯哥大学扎下了根。这时瓦特才21岁。

在大学里，瓦特得到许多科学家的关怀和帮助。其中，对瓦特影响最大的是布莱克教授和罗宾逊。

布莱克是二氧化碳气体的发现人，以研究燃烧和潜热而出名。后来瓦特成名以后，曾感激地提到布莱克，他说："我之所以能够有今天，多亏布莱克的巨大帮助。是他教给我物理学的知识。他始终是一个真正的朋友和顾问。"瓦特曾经制造过一架小风琴送给布莱克作纪念。

罗宾逊是比瓦特小两岁的大学生，当时刚刚获得硕士学位。他们经常在一起讨论问题，互相学习，互相帮助。罗宾逊曾对人说："每当我在工作中遇到疑难问题，就去找瓦特，无论什么问题到了瓦特手里，都会迎刃而解。"

在大学里，瓦特不但有这两位亲密的朋友，而且，凡是找瓦特修理仪器的教授，都热心地向瓦特讲述仪器的原理和用途，给他找来有关的书籍和资料。勤奋的瓦特通过实践和学习，理论水平和工作能力都有了很大的提高。

那时，欧洲一些国家的采矿业规模越来越大，矿井越挖越深。这样，不仅搬运矿石要用大量的人力，而且地下水不断地冒出来，还要用几十匹骡马，配上几十个工人，昼夜不停地把水用吊斗拉上来，严重影响了矿业的发展。能不能用机械抽水呢？能不能有高效的动力代替畜力和人力呢？人们想到了蒸汽，开始研究起蒸汽机来。

第一台原始的蒸汽机是法国人巴本在德国发明的。

为了把肉骨头快点煮烂，巴本制造了一个高压锅。为了安全起见，他在锅盖上装了一个安全阀门，当锅内压力太大时，蒸汽就会推开阀门喷出来。这与我们现在家用高压锅的原理是一样的。

1690年，巴本制成了一台蒸汽机。这是一个有活塞的圆筒，当圆筒里的水烧开后，蒸汽就把活塞推上去。等到活塞推到顶上，把火撤去，等到圆筒里的蒸汽冷下来后，大气的压力又把活塞压下来。活塞这样一上一下，再利用绳子和滑轮，就可以把一桶水提起来。其实，这只是大气压力做功，并没有真正由蒸汽压力做功。而且这种蒸汽机要一会儿烧火，一会儿停火，一热一冷地等老半天才提上来一桶水，效率比较低。

1698年，英国的塞维利改进了巴本的设计。

巴本的蒸汽机，其中那个圆筒既是锅炉，也是冷凝器，又是汽缸。而塞维利的蒸汽机，把锅炉和汽缸兼冷凝器分了家，中间用阀门连通。锅炉只管供蒸汽，用不着一会烧火，一会停火的，打开阀门，蒸汽充满汽缸；关上阀门，停止通汽，在汽缸上浇冷水，蒸汽冷凝成水后，汽缸的空间部分形成了真空，就可以把矿井中的水抽吸上来。

这种机器，虽然不需要烧火、停火交替进行，但是费煤费汽，而且运转缓慢，还要有专人守在那里，轮流开闭蒸汽阀门，十分不便，因而使用的人很少。

1712年，英国人纽可门制成了一台带有汽缸活塞和真空冷凝器的蒸汽机。它依靠一根平衡横梁与抽水机相连，活塞在汽缸中上下运动，平衡梁便带动水泵抽水。几十年间，约有一百多个英国矿井采用了这种抽水机，还出口了几台到欧洲大陆。

蒸汽机真的代替人力、畜力工作了。蒸汽机也成了许多人日常谈论的话题。

1763年，格拉斯哥大学的一台教学用的纽可门蒸汽机模型坏了。学校虽然把模型送到伦敦找名匠修理，可是拿回来后仍然不能运转，只好去请教瓦特。瓦特使出全部本领把模型修好了。可是蒸汽机的活塞走了两三个行程又不动了。是什么原因呢？瓦特决心把问题搞清楚。他发现汽缸兼冷凝器这种一身二任的构造，是机器转动不好的主要原因。这个重要的部件，既要它冷又要它热的矛盾不解决，机器的性能和效率就会受到严重的影响。

与此同时，瓦特根据新发现的潜热原理，进行了大量的试验和计算，算出了燃烧多少煤能产生出多少蒸汽；这些蒸汽有1/4用于做功，有3/4白白浪费在汽缸的冷热交替之中。他认为，应该把冷、热两个任务，分别由两个容器来承担，让汽缸始终是热的，负责做功；让另一个容器始终是冷的，负责使蒸汽冷凝，产生真空。

认识有了，办法呢？经过多少个不眠之夜的反复思索，瓦特找到了答案。他想到蒸汽有弹性，可以用管子把汽缸和冷凝器连通，使汽缸里的蒸汽冲入冷凝器冷凝成水后，使冷凝器内的空间部分形成真空，汽缸里也是真空，就能让大气压迫使活塞做功。

办法有了，行得通吗？瓦特夜以继日地赶制模型进行试验，结果证明这个想法可行。于是瓦特把汽缸同冷凝器分开，这是蒸汽机发展史上的一个重大改变。

从此，瓦特的事业有了新的发展。

从1774年制成第一台机器开始，到1780年瓦特44岁的7年里，他总共制造了40台蒸汽机。

那时候，不是造好了机器去卖，而是供给设计图纸，由买主自己制造机器，瓦特担任技术指导，然后向买主收取酬金。

酬金的计算方法很有趣。那是把瓦特造出的蒸汽机和纽可门蒸汽机比赛，看哪种机器抽的水多。要是纽可门蒸汽机烧一定量的煤能抽水272千克，而瓦特蒸汽机烧同样多的煤能抽水1497多千克，那么就把节约下来的燃料费的1/3付给瓦特作酬金。

从此，采用瓦特制造的蒸汽机的人越来越多，纽可门制造的蒸汽机也就慢慢被淘汰了。

成功并没有使瓦特停步不前。工业发展的需要和他个人的抱负，都促使他不断改进蒸汽机。原来，他的蒸汽机活塞早先只在一面受蒸汽推动；后来，他把活塞改成两面轮流受蒸汽推动，并巧妙地加了一个连杆，往返推动汽缸上的阀门，使蒸汽由活塞的这一边进来，推动活塞向那一边运动；活塞运动到头后，蒸汽又由活塞的那一边进来，把活塞又推回这一边。这样一来一往，功率就又提高了一倍。

瓦特始终没有忘记青年时代的理想，那就是不仅用蒸汽机抽水，还要用蒸汽机带动纺织机，开动车辆……

瓦特开始研究和设计旋转式的蒸汽机。问题的关键是，怎样才能把一来一往的往返运动，变成不断旋转的圆周运动。

经过一番努力，瓦特终于采用飞轮和曲柄两个部件，把往返运动变成了圆周运动。

飞轮和曲柄是怎样把往返运动变成圆周运动的呢？我们可以去观察一下蒸汽机火车头的轮子是怎样转动的，因为它的基本构造和原理，至今仍然保持着瓦特发明时的老样子。

瓦特的旋转式蒸汽机，力量大、效率高，是普遍适用的万能发动机。瓦特在取得发明专利以后，这种发动机很快被应用到纺织、冶金、机械等工业部门。

1800年后，工业革命在英国全面展开，不久，德、法、美等国也紧跟上去，蒸汽机点燃了工业革命的导火索，得到了越来越广泛的应用。1807年，美国的富尔顿把蒸汽机安装在船上，发明了轮船；1814年，英国的司蒂芬逊把蒸汽机安装在机车上，造出了火车车头……

播下"第一艘轮船"的种子

蒸汽机的发明，揭开了船舶发展史上重要的一页。18世纪中后期，瓦特在对蒸汽机进行了接二连三的重大改进以后，使这一机器成为在大工业中普遍应用的动力机。于是美、英、法等资本主义国家，先后有数十人想到了把蒸汽机安装到船上去，用蒸汽作动力驱动船舶航行。

最早的蒸汽动力船，是18世纪80年代出现的。美国发明家菲奇最早造出了一艘蒸汽独木舟。他在独木舟两侧，各安装上三支一组的长桨，用蒸汽机推动它们交替划动，驱使独木舟前进。后来，菲奇经过反复改进，又制造了一艘大型汽船。该船曾于1790年前后用于定期航线，但最后却因技术问题和经营不善而宣告失败。

第一个制造蒸汽轮船的是发明家西敏敦。这条船叫做"夏洛托·邓达斯"号。它是一艘能载重70吨货物的木船。当时，西敏敦将它用于运河拖带船只。不久遭到运河经营者的强烈反对，他们指责蒸汽船破坏了堤岸和码头，派人强行把船拖上岸，不许它下河航运。伟大的发明就这样在1802年前后被扼杀了。从此，人们不再提起造轮船的事。

现在，人们公认用蒸汽机驱动的轮船发明者是富尔顿（Robert Fulton，1765—1815）。

1765年，富尔顿出生在美国宾夕法尼亚洲兰开斯特县的一个农场里。富尔顿的父亲原是苏格兰人，是个穷裁缝，由于生活所迫，才流浪到北美种田度日。富尔顿9岁时父亲就死了，家境十分清贫。

富尔顿上小学时，功课并不好，一放学就喜欢钻到附近的一个枪炮修械所，和工人交朋友，摆弄各种机械。他还爱好做手工，每见别人买来精巧的玩具，他就忍不住要自己动手照着样子做，做得倒也像模像样。

有一天，十来岁的富尔顿和一伙少年朋友一起划船去钓鱼。突然间，大海唰地变了脸，风急浪高，小船像片树叶儿似的在海上颠簸。他们使尽全力好不容易才把船划回岸边。当天夜里，富尔顿辗转反侧睡不着觉，奇思妙想在脑海里翻腾起来："这样划船太费力，太慢了，能不能想个办法造出又省力又跑得快的船呢？"

当东方刚现出鱼肚白，富尔顿抬腿就往海边跑。大海在晨曦中波光闪闪，色彩艳丽，像抖开的锦缎，海鸥在蓝天下高飞低旋，那只小船平静地系泊在岸边。他坐到船舷上，把脚伸进清凉的海水里，漫不经心地来回踢打着，踢得水花四溅，溅到了身上和脸上也没有觉察。

不知什么时候，也不知怎么的，船的缆绳松了扣，船儿离了岸，忽忽悠悠在海面上漂荡了起来。富尔顿猛地一怔，从沉思遐想中清醒过来："咦！这是怎么啦？"接着仔细一琢磨，原来是自己的双脚，无意间发挥了船桨的作用，使得船"航行"了起来。

"好啊！"他高兴极了。于是灵机一动："要是把一些像脚底板大的木片儿，做成桨轮，在船舷的两侧一边安一个，摇起来不是又快又省力吗？"他这么想，也就大胆地试着这么做。

没过几天，当孩子们坐上手摇桨轮的小船又一次出去钓鱼的时候，在波光粼粼的大海上，响起了一片欢乐的笑声。自此，在少年富尔顿的心田里，播下了"第一艘轮船"的种子。

1782年，富尔顿17岁。一天夜里，他给母亲留下一张字条，不告而别。他跑到费城投奔韦斯特，登门求教，拜师学画。富尔顿专心致志地学绘画，人物肖像画得很出色。他除了致力于绘画艺术以外，还埋头搞技术科学，车辆、大理石锯割机、纺麻机、麻绳搓编机等设计和发明，都是他心血的结晶。

1797年，富尔顿从一位制枪匠那里学到了制造车辆的技术和各种枪支的试验方法。1802年，他还仔细考察和研究了西敏敦的"邓达斯"号轮船。

22岁那年，富尔顿到了英国伦敦。正巧大名鼎鼎的发明家瓦特过50岁生日，别人介绍他前去给瓦特画像。志趣相投的人是最容易彼此接近的。他们两个人促膝长谈，相见恨晚，很快成了推心置腹的好朋友。

瓦特对这个聪明好学的美国青年很热情，把自己发明蒸汽机的情形详细地讲给富尔顿听。在瓦特的启发下，他决心把威力巨大的蒸汽机装到船上去，建造一艘前所未有的机器船。

其实，富尔顿对蒸汽机并不陌生，如今他与蒸汽机的发明人建立了亲密的友谊，就更加深了对蒸汽机的关注。每当夜深人静的时候，他常常因蒸汽机而激起奇思妙想的涟漪，在脑海里波动，使他精神振奋，夜不能寐。

"能不能把手摇桨轮改装成用蒸汽推动的桨轮呢？"富尔顿反复自问。"能，一定能！蒸汽大力士能叫各种机械飞速运转，什么不能使船舶多装快跑呢！"想到这里，他默默地笑了。

自从结识了瓦特以后，富尔顿得以准确地了解蒸汽机的原理和作用，从此他对机械技术产生了更浓厚的兴趣。瓦特对富尔顿的启发和影响很大，以致富尔顿改变了自己的想法，他不想当画家了，决心当一名造船工程师。

富尔顿的"蠢物"

在富尔顿发明蒸汽驱动的轮船以前，美国与欧洲大陆的交通全靠帆船，速度慢又不安全。富尔顿希望有一种不依靠人力、风力而用蒸汽机驱动的船只，可以高速度航行，使美国与欧洲的距离"缩短"。

其实，当时欧美各国想研制蒸汽机船的人不少，在富尔顿之前，许多人作过尝试，但都未能成功。有的空船还能行驶，载重后就开不动了；有的虽然能行驶，但速度比帆船还慢，没有实用价值。富尔顿仔细研究了前人造轮船失败的原因，发现其中有一系列技术问题需要解决，如船的吨位与动力大小的比例、船身长与宽的比例、桨轮的大小、轮翼的角度等等问题，都需要经过试验和精确的计算才能解决。为了攻克难关，他刻苦学习高等数学、化学、物理学等基础理论知识，并掌握了法、德、意大利等多种文字，还仔细剖析各种蒸汽机，查阅大量资料，绘制了很多图纸，为实现他的发明轮船之"梦"，废寝忘食、竭尽全力地工作。

1802年1月的一天，富尔顿在巴黎的塞纳河上初次试验了他的汽船。这艘船其貌不扬，船上的主要部位安放着一台烧煤的大蒸汽锅炉，看上去十分笨重。人们对这个丑八怪简直不屑一顾，称之为"富尔顿的蠢物"。这"蠢物"也真令人泄气，在塞纳河上吐气冒烟地走走停停，走不了多远干脆不动了，这第一次试航，在人们的哄笑声中结束了。

不久，富尔顿以百折不挠的精神，又制造出一艘轮船，这艘轮船长21.3米，宽2.4米，吃水0.9米。船上安装了一台约6千瓦的蒸汽机，并装上了铜汽锅。一艘全新的、人们从未见过的大轮船就要试航了。

1803年的一天，大轮船终于出现在塞纳河上。好奇的人们奔走相告，说这个大怪物的肚子里有机关，跑起来冒烟吐火，"呜呜"直叫唤，快似飞箭。谁要是不信，请看明天现场的试验。

可是谁也料想不到，包括这艘大轮船的制造者富尔顿在内，就在一夜之间，这个庞然大物竟像捉迷藏似的无影无踪了。

夜间风暴骤起，原来，船体由于结构薄弱，不堪负载蒸汽机的重量，以致船身拦腰折断，沉入了塞纳河底。

多么不幸的事故啊！富尔顿站在岸上，久久说不出一句话来。

花了多少心血，岂能让它白白沉入河底？富尔顿什么也没说，请工人们把沉船打捞起来。

面对眼前这艘打捞上来的破船，富尔顿没有泄气。他像许多父母钟爱自己的子女一样，酷爱这艘初生的轮船，他有信心把这个"蠢物"改造成一个人见人爱的"宠物"。可是，继续研究需要钱，他却没有钱了。这时，他想到了拿破仑，那位横扫欧洲大陆、不可一世的军事家。

1803年8月，当富尔顿听说拿破仑要越过英吉利海峡对英国作战时，就满腔热情地向拿破仑建议，建立一支不要风帆的蒸汽机船队，即使在恶劣的天气下也可以在英国登陆，可以"使法国和全世界免受英国的欺压"。

可是，一向过于自信的拿破仑，不相信大船没有帆也能航行，他只愿花大笔的钱去扩充那些全由帆船组成的海军船队。他在一封信中狂妄地说："当发起进攻时，我们只需有8小时黑夜的掩护，就可以完全决定世界的命运了。"

然而，拿破仑的命运不佳。1804年的一天，随着他的一声号令，1300多艘平底帆船满载着10万法国大军，开始浩浩荡荡地越过英吉利海峡向英国进发。庞大的船队虽然有黑夜的掩护，可是缺乏天气的庇护：英吉利海峡恶劣的气候和海浪，很快就把这支没有机械动力的船队摧毁了。拿破仑不战自溃。

这次悲惨的失败发生后，不少评论家指出，如果拿破仑接受富尔顿的建议，用蒸汽轮船装备他的渡海部队，就必然能够击败英国。那么，19世纪以后的欧洲历史，将完全是另一个样子。

不过，"富尔顿的蠢物"在大洋彼岸的美国却得到了广泛的支持。作为新兴的迅速崛起的资本主义国家，美国人最少保守思想，对新生事物往往会给予极大的注意和支持。当富尔顿在法国的试验研究陷于困境，一筹莫展的时候，美国的一些实业家邀请他回到美国去进行研究。

在回美国以前，富尔顿去英国找到瓦特，定制了17.9千瓦大功率的蒸汽机的汽缸、活塞、连杆、阀门和冷凝器等部件，其余部分则由他自己和工人们一起动手制造。

在试验研究中，经历了多次的挫折和失败，但富尔顿毫不灰心丧气。他每失败一次，就找一次原因，觉得只有这样才能一次比一次接近成功。终于在反复试验中，他取得了动力大小、船身比例、水的阻力、轮翼角度以及引擎尺寸等许多必要的技术数据，为以后轮船的改进打下了坚实的基础。

试制新的轮船，需要很多经费。富尔顿到哪里去筹措这一大笔的资金？许多人不但不肯解囊相助，反而讥笑他造轮船是蠢人办蠢事，是异想天开。正在他一筹莫展的时候，一个美国政府驻英国的高级官员罗伯特·利文斯顿看中了他的发明，不但答应从经济上支持他，而且把富尔顿招为女婿。

从此，富尔顿有了经济后盾，更加信心百倍，他日以继夜地工作着。他对朋友们说，失败是成功之母，以往的暂时失败，必将孕育明天的更大成功。他和利文斯顿把蒸汽机运回美国，组建了一座新的造船厂，继续他的发明试验。

一年以后，一艘崭新的轮船"克莱蒙特"号在纽约哈德逊河畔的船坞里诞生了。新船长45.7米，宽4米，船头、船尾都成60度角，排水约为100吨。好奇的人们从船旁经过，望着这艘怪船，投以好奇的眼光。因为谁也没有见过这样的怪船：两侧分别安装一个大水车式的轮子，上面立着一个直冒浓烟的大烟囱，却不见橹、桨之类的东西。原来这艘细长的木板船，上面安装了一台当时最好的瓦特蒸汽机。然而，由于过去试验多次失败，人们不相信这个庞然大物会航行成功，依然把它嘲笑为"富尔顿的蠢物"。

机器船的梦想实现了

1807年8月9日，"克莱蒙特"号轮船终于在美国纽约的哈德逊河下水了。船的前后各有一个客舱，蒸汽机安装在船的中部，船底两侧是带翼的"明轮"，蒸汽机启动后，带动"明轮"旋转，推动船体向前。这就是机器船被称为"轮船"的原因。

这艘船的发动机是由富尔顿改良设计，并请他的好朋友蒸汽机的发明人瓦特亲自制造的。机器油光锃亮，船身结构精良。富尔顿站在船头上，无限深情地端详着他在科学技术上的这一精心创造，如同欣赏自己绘画艺术的得意之作。他感到浑身血液在沸腾，胸膛里像擂鼓似的怦怦直跳，喜悦、兴奋、紧张相互交织在一起，使他不能平静。

经过反复检查之后，富尔顿决定于8月17日第一次试航。为了宣传蒸汽轮船的威力和他的发明成果，富尔顿邀请各界人士前来参观。为了目睹怪船之究竟，人们冒着酷热来到哈德逊河的岸边。

8月17日这一天，晴空万里，阳光灿烂，哈德逊河岸上，密密层层地挤满了看热闹的人群。富尔顿站在船台上，沐浴着阳光，笑容满面地向欢呼的人群挥手致意。向远望去，升火待发的巨轮就像一匹昂首长嘶的骏马，富尔顿简直像是一个雄姿焕发的骑士，正要扬鞭催马，冲向胜利的前方。

试航的时间到了，大约40人登船参加这一盛典。司炉工点燃锅炉，气压不断升高。富尔顿指挥收回缆绳。他拉了一声汽笛，蒸汽机轰鸣起来，大烟囱里冒出了滚滚黑烟，船体两侧旋转的大明轮搅动着河水，浪花飞溅。

"动了，动了，怪船真的动了！"观众中有人喊了起来。围观的人眼睛睁得大大的，凝神屏息地注视着明轮桨片搅起的水花。轮船慢慢地离开了码头。这时，船上的40名乘客和岸上的人群欢声雷动，富尔顿终于绽开了笑脸。

轮船平稳地破浪前进，沿哈德逊河逆流而上。渐渐地，"克莱蒙特"号把一艘艘帆船抛在后头，岸上的人们发疯似的追赶着行进中的轮船，在船尾亲自操纵机器的富尔顿更是热泪盈眶，激动万分！

不料，刚开出不久，"克莱蒙特"号不动了。人们骚动起来，有人嚷道："富尔顿，你这个蠢物真蠢啊！"其实，只是发生了一个小小的机械故障。富尔顿拿起工具熟练地摆弄了几下，机器又很快地恢复了正常。一个贵妇人惊叫起来："天哪，那蠢物又动了！"此时，"克莱蒙特"号以每小时9千米的速度破浪前进，机器的轰鸣声和浪花飞溅声向人们证实，富尔顿发明轮船成功了！

经过32小时的航行，"克莱蒙特"号到达距离纽约240多千米的上游阿尔巴尼小镇。平均时速达8千米，比一般帆船大约快1/3。而普通的帆船航行这段距离需要四天四夜。抱观望态度的人在事实面前，也不得不服气了。

他们说：“富尔顿的蠢物变成了富尔顿的宠物。”富尔顿的这一次试航宣告成功，造机器船的梦想终于实现了。

9月7日至11日，“克莱蒙特”号又作了一次成功的长距离试航。轮船从纽约出发，溯哈德逊河而上，抵阿尔巴尼后又返航纽约。往返近300千米，平均时速8千米。这只形似战车的水上怪物，白天吐烟，夜间喷火，把一艘艘帆船抛在后面，使沿河两岸的许多居民惊叹不已。

经过一段时间成功的试航以后，富尔顿又将“克莱蒙特”号开进船坞进一步装修。他将原先暴露的机器用板遮住，又将客舱装饰一新，还增设了12个卧铺位置，使乘客们的感觉更加舒适。他还对锅炉和阀门的工作性能作了进一步的改进，使轮船的航行时速增加到每小时9.7—12.9千米。

从此，“克莱蒙特”号轮船成了哈得逊河的定期航班，在上游与下游的城市之间往返航行。

“克莱蒙特”号的试航成功，标志着船舶的发展史进入了一个崭新的时代：蒸汽轮船取代了帆船，机器代替了人力和风力。

轮船取代了帆船

不久，富尔顿取得了在哈德逊河上航行的独有权。这时，光靠他自己发明的轮船已不能满足日益增长的航运量的需要。于是富尔顿开办了航运公司，设计、制造了更多的轮船投入运营。

1808年，富尔顿主持设计、制造了第二艘轮船"海神之车"号和第三艘轮船"典型"号。一年后，他又组建公司，建造渡轮。这种渡轮有宽敞的甲板，尾部是圆形的，今天的轮船仍大致沿用这种制式。

此后，在不到8年的时间里，富尔顿连续制造了17艘客、货轮船和一艘鱼雷艇。

在1812年美英战争期间，为了对抗英国的封锁，富尔顿为美国海军设计了一艘排水量为2745吨、长48米、装有铁甲和32门火炮的双体驱逐领舰。1815年6月，世界上第一艘蒸汽驱动的军舰首次试航，从此揭开了海战史上新的一页。

富尔顿的成功，受到美国工业界和商业界的高度重视，实业家纷纷投资兴办轮船业。到19世纪中叶，富尔顿开创的造船厂已发展到千人以上的大厂，轮船也不断得到改进。先是在内河和近海航行，不久便开始作横渡大西洋的准备。

1819年，美国的"萨凡纳"号轮船横渡大西洋成功。这艘轮船总重550吨，是"克莱蒙特"号重量的3倍，但蒸汽机的功率仅20马力，和"克莱蒙特"号一样；它安装了3支桅杆，也可以作为帆船使用；也就是说，它能同时利用蒸汽动力和风力航行。这次航行安稳地渡过了大西洋，大约一个月以后抵达英国，开辟了近代海上运输的新纪元。

在此之前的1814年，英国的亨利·贝尔建造了"彗星"号客轮，在泰晤士河上运送旅客，这是欧洲的第一艘班轮。

蒸汽机的开动和轮船的航行，需要大量的燃料煤，但远洋航行不可能带很多煤，因此在航行中途煤炭耗尽后，后面的航程就要靠风帆行驶。这样便遭到一些人的非议。在美国，甚至有人远航时拆掉蒸汽机，把轮船纯粹作为帆船使用。美国在一段时间里几乎放弃了航海轮船的制造。

然而，英国却在一二十年的时间里，安装有蒸汽机的大功率轮船得到了很大的发展，相继造成了多艘300—700马力的蒸汽机轮船，竞相横渡大西洋，全程均以蒸汽机作为动力，速度比美国船快好几倍。从此，英国的航海船队名扬四海，称霸世界。

富尔顿发明的"克莱蒙特"号和以后制造的轮船，都是用蒸汽机带动"明轮"转动使船只前进的。所谓"明轮"，就是将桨叶安装在船的两侧舷外，或在船尾安装形状像火车轮一样的桨叶，桨叶转动向后击水，利用水的反作用力推动船体前进。人们把这种船称为"轮船"，这一叫法一直沿用到现在。

安装有"明轮"的船舶，效率仍然比较低，特别是遇到大风大浪时，桨叶常常露出水面空转，使船体摇晃得很厉害。

1836年，瑞典的造船工程师埃里克，发明了一种形状像电风扇一样的螺旋桨，由2至7片桨叶组成，把它安装在船尾。当蒸汽机带动螺旋桨旋转时，叶片前面的压力降低，后面压力增高，水流便向后运动。根据作用力和反作用力大小相等、方向相反的原理，水流对螺旋桨产生反作用力，便推动轮船前进了。

由于船在航行时，螺旋桨全部淹没在水中，在水面上看不到它。因此，当时也有人将它称为"暗轮"。采用螺旋桨的船，在航行时即使遇到狂风巨浪，螺旋桨也不会露出水面，因而推进效率明显提高，它比"明轮"轮船快得多。但是，"明轮"船具有吃水浅、易维修和不易搁浅等优点。

直至今天，人们在一些老式的内河船上，仍能看到它的踪迹。

然而，当时称雄世界的英国造船业，虽然已经知道螺旋桨船的性能优异，但仍在大量生产"明轮"船。1838年，英国著名的造船工程师布鲁纳设计的"大西号"明轮船，重1320吨，采用750马力的蒸汽机驱动明轮，仅用16天就横渡了大西洋。此外，英国还先后制造了许多大型、高效的明轮船。

英国的造船业瞧不起螺旋桨船，一心制造明轮船，引起了英国海军的不安。因为当时英国想炫耀武力，称霸世界，希望有更优良的军舰。

英国海军为了证实哪一种船的性能优越，于是在1845年准备了同样大小的两艘船，一艘"阿列克"号安装明轮，另一艘"阿特拉"号安装螺旋桨，让两艘船背向行驶，并用绳子连接起来，进行一场有趣的"拔河"比赛。比赛一开始，只见"阿特拉"号螺旋桨船毫不费力地以每小时4千米的速度把向反方向行驶的"阿列克"号明轮船拖走了。比赛结果表明，螺旋桨船的性能更优越。从此，英国开始广泛制造和使用螺旋桨船。

后来，虽然螺旋桨船取代了"明轮"船，但是被称为"轮船之父"的富尔顿，一直被人们怀念。美国人还把他的故乡——宾夕法尼亚州兰开斯特县，命名为富尔顿县，用以纪念他对人类的杰出贡献。

富尔顿在一生中，不知疲倦地工作。为了解决轮船试制过程中的各种技术问题，他攻关夺隘，艰苦奋战；为了筹措巨额的造船费用，他四处奔走，受尽讥讽，还夜以继日地挥笔作画，以积攒经费；同时，他还得与日渐严重的肺结核病作斗争，以顽强的意志和惊人的毅力在病中攻克种种难关。

1815年，富尔顿因疾病折磨和过度劳累而英年早逝，终年50岁。人们都为之惋惜。

今天，当人们乘船跨江河、越湖泊、遨游碧蓝色的大海时，不会忘记百折不挠的富尔顿，也不会忘记"克莱蒙特"号轮船……

发明火车的矿工司蒂芬逊

勤勉好学的孩子

火车，大家一定都坐过或见过吧。一台巨大的机车（火车头）拖着一列长龙似的车厢，轰隆隆风驰电掣般地在铁路线上奔驰。一个火车头一般可以牵引十多节客车厢，运载几千名旅客和行李；或者牵引四五十节货车厢，满载千百吨货物。拖了这么沉重的负荷，火车照样日行千里，飞快地掠过平原，穿过峻岭。那么，这力大无比的火车头是怎么制造出来的？又是谁发明的呢？

这还得从170多年前，世界第一列火车诞生和开始运行说起。

那是1825年9月27日，天还没大亮，在英国斯托敦和达林顿附近居住的许多男女老少，就纷纷起床了。他们有的步行，有的骑马，有的坐车，络绎不绝地朝同一个地方赶去。

他们去干什么呢？原来，那里要举行一次机车试车表演。一时，观众如潮，盛况空前，简直比过节还热闹。

忽然，汽笛一声长鸣，只见一台喷云吐雾的机车头，拉着20节挤满乘客的车厢和六节煤车，轰隆隆地向达林顿方向驶去。参观试车表演的人群，立刻发出了热烈的欢呼声和惊叫声。铁道两旁人山人海，许多人跟着火车跑，另外一些人骑着马沿路在追赶。有人喜形于色，有人惊讶不已。在驶进达林顿的路上有一个斜坡，司机决定在这里试验火车的最高时速，他拉响汽笛，加快行驶，时速竟达24千米。

人类第一列火车——"旅行者"号试运行圆满地成功了！从此，开创了陆上交通运输的新纪元。

你知道吗？发明这世界上第一列火车的，是放牛娃出身的工程师——乔治·司蒂芬逊（George Stephenson，

1781—1848）。"旅行者"号试车时的司机也是由他担任的。

乔治·司蒂芬逊生于英国北部产煤的纽卡斯尔。他的父亲是煤矿的一个蒸汽机司炉工，母亲是一个普通的家庭妇女。一家八口人，全靠父亲的一点工资生活，日子过得十分艰难，一家人常常挨饿，因此司蒂芬逊从小没有机会上学。为了分担父亲的困难，他8岁那年就去给人家放牛了。

贫困的家庭生活，繁重的体力劳动，并没有磨灭司蒂芬逊强烈的求知欲望。每当去煤矿给父亲送饭的时候，他总是围着轰隆轰隆转动的机器，入神地看个够。他想，自己长大以后，要是也能像父亲那样当一个司炉工，操纵巨大的蒸汽机，那该多好。于是，他趁放牛的时候，用野地的泥巴来做蒸汽机模型，有锅炉、有汽缸、有飞轮，做得似模似样。

司蒂芬逊14岁那年，跟随父亲到煤矿当了一名见习司炉工。望着炉膛里熊熊燃烧的火焰，听着飞快转动的机器轰隆声，他高兴极了。他一会儿往炉膛里添煤，一会儿给机器擦去油泥，总是不觉得苦和累，因为他终于和日夜思念的蒸汽机相伴了。他每天都把机器擦得干干净净，同时仔细地观察机器的转动情况，研究机器的结构和性能。

一个星期六的下午，工人师傅都下班回家了，司蒂芬逊为了清除机器内部的污垢，把一台蒸汽机的部件全部拆了下来，他想趁此了解机器内部的结构。拆机器容易，但是装配起来却不容易。司蒂芬逊忙了大半天，才把机器重新装配好，这时候外面早已是满天星斗了。

司蒂芬逊完全忘记了饥饿，在回家的路上，他心里咚咚地跳个不停，生怕重新安装的机器明天开动不了，要是耽误了生产，老板是一定不会饶恕他的。他越想越害怕，一晚上都没有睡好觉。

第二天一清早，他第一个跑到煤矿，生火加煤，紧张地试着发动那台修过的机器。哪知这台机器一开动，竟然比平常运转得还好。这时，司蒂芬逊那颗悬在半空的心，像一块石头落了地，他开心极了。

他初步弄清了蒸汽机的构造，又想模仿着自己做一台小机器。于是他根据拆装过的那台蒸汽机，试着画了一张机器的草图，送给矿上的一位总工程师看。总工程师看后，高兴地拍着他的肩膀说："好啊，有志气的孩子，希望你多读书，多掌握科学知识，将来发明一台比蒸汽机更好的机器！"然而，这谈何容易。要真正弄懂蒸汽机的工作原理，单靠观察是远远不够的，还必须具备数学、力学和物理学等多方面的知识。而17岁的司蒂芬逊还是个文盲，从小没有进过学校门，怎么读高深的理论书籍呢？

但是困难吓不倒有心人。司蒂芬逊决心一面工作，一面到夜校去学文化课。他白天要做工，还要抽空给人修理钟表，做木匠活，多赚点钱补贴家庭收入的不足。直到晚上，他才能夹着书本，到夜校去上课。那时候，他已是一个17岁的小伙子了，可是他不怕羞，每天都和七八岁的孩子一起，坐在教室里听老师讲课。

由于他勤奋好学，刻苦用功，很快就掌握了许多科学知识。平时他总是把书本揣在口袋里，一有空就如饥似渴地阅读。功夫不负有心人，经过几个春秋的顽强拼搏，司蒂芬逊不仅学会了读书写字，弄懂了有关蒸汽机的专业技术知识，还初步掌握了矿里各种机器的性能。22岁那年，司蒂芬逊成了煤矿的一名机械修理工。

晋升工程师以后

1810年，矿上一台重要的蒸汽机出了故障，许多机械师忙得汗流浃背，谁都找不出原因。总工程师闻讯赶来，看到机械师们个个抓耳挠腮，束手无策。这时，司蒂芬逊自告奋勇地说："让我来试一试。"那些自命不凡的机械师们瞧不起这个青年修理工，用不屑一顾的轻蔑眼光打量着他，讥笑他不知天高地厚。有一位老机械师说："我们都没有办法，你还敢来逞能？"总工程师担心机器停产损失太大，他了解司蒂芬逊平时喜欢摆弄机器，便答应让他试着去修一修。

司蒂芬逊挽起袖子，把机器的零部件全部拆开，对每一个零件都进行了检查和修正。然后，又仔细地把机器的零部件组装在一起，并从头到尾又检查了一遍。于是他下令开车，蒸汽机果然轰隆轰隆地运转起来了。煤矿经理听说这件事以后，非常高兴，正式聘请这个29岁的年轻人担任煤矿机械师，两年后，又提升他为总工程师。

司蒂芬逊生活的年代里，瓦特发明蒸汽机后为大规模的机器生产提供了强大的动力。资本家生产出来的大批工业品，急需用先进的交通工具尽快地输送到各地去销售。

18世纪初，矿车是在敷设木板或铁板的坡道上用手推或马拉的。1770年，发明了在坡道上敷设铁轨使矿车在轨道上行驶的方法。这种方法逐渐获得了推广。

当时，还没有人发明有轨道的牵引矿车的蒸汽机车，尽管有人想用蒸汽机牵引煤车，但发明者考虑是在没有轨道的路上行驶的，认为有铁轮的机车又笨又重，在光滑的铁轨上行驶只会打滑空转，无法前进。

敢于打破这种顾虑并着手制造蒸汽机车的，是英国的发明家特莱维茨克（Richard Trerithick，1771—1848）。他设想，能拉重载快速行驶的蒸汽机车，必须使用小型、轻便而且能产生强大功率的蒸汽机。

为此，必须制造高压蒸汽机。但是，那时的机械加工技术还很难制造出能够承受高压的锅炉、汽缸和蒸汽管道。因此，这个设想一时未能实现。

特莱维茨克继续不懈地进行研究。不久，由于机床加工和铸造等技术的进步，工业界已能制造出相当实用的机械，他终于在1802年将近圣诞节的时候，制成了装有高压蒸汽机的蒸汽车。

但是这台车不是在轨道上跑的蒸汽机车，而是在公路上跑的蒸汽汽车。特莱维茨克的这台蒸汽汽车可以坐五六个人，在伦敦的街道上自由地跑来跑去，引起了人们的惊奇。

在成功的鼓舞下，特莱维茨克决心制造装有高压蒸汽机的机车。经过苦心研制，他终于在1803年制成了第一辆有轨蒸汽机车。这辆机车具有带烟筒的锅炉，汽缸的废气从烟筒中排出，加强了锅炉对新鲜空气的吸入。此外还作了其他方面的改进。

这辆机车可以牵引5辆货车，载货重10吨和70名乘客，时速达8千米。这是世界上最早发明的铁道机车。由于行车时车头有时要冒出火来，所以有了"火车"这个名称。

然而，遗憾的是，用铸铁制造的铁轨非常脆，试运行几次以后就损坏了，机车再也无法行驶。同时，这台机车也经常发生零件损坏和出轨等事故。

这样，尽管特莱维茨克取得了一次巨大的成功，但蒸汽机车却未能得到应用而逐渐便被人们忘却了。

当时一些研究人员和发明家，把特莱维茨克的蒸汽机车未能推广应用的原因归结为主要是车轮空转的障碍没有克服。

1813年，一位名叫布兰顿的人，制成一辆奇形怪状的蒸汽机车，在机车的后面有两条像马脚一样的腿，目的是使车轮不致打滑。这种机车行驶起来像马跑一样咯嗒咯嗒地不停震动，终于引起锅炉爆炸而使机车报废。

此外，在同一时期，马莱和布伦金索普发明了一种有齿轮的蒸汽机车，通过机车齿轮与轨道的齿相啮合而前进。这种齿轮式蒸汽机车，不像布兰顿的踢踏式蒸汽机车那样剧烈震动，能以每小时6千米的速度牵引20吨的煤车行驶。

发明这些不同机车的动机，都是想在煤矿中使用蒸汽机车。然而要从很深的矿井沿着陡坡牵引沉重的煤车，车轮必然打滑。发明家的担心是有道理的。

当时，海德雷和布莱克特二人也制成一辆机车，命名为"巴芬比利"号，既不用带齿铁轨，也不用马腿装置，机车的行驶靠轨道和车轮之间必要的摩擦力作用。

从1812年到1813年，英国人制成了多种蒸汽机车，其中以海德雷和布莱克特发明的机车性能最好，在英国的煤矿中使用了四五十年之久。

艰难曲折的历程

在许多人研究蒸汽机车的热潮中，司蒂芬逊也在研究火车。他想，煤矿上蒸汽机能把深井里的水抽上来，特莱维茨克的机车能拉动十几吨重的货物，这巨大的力量是从哪里来的呢？他细心观察，反复思考，终于悟出了其中的奥妙。原来，火车要想拉得多，跑得快，全靠"大力士"蒸汽机。

为了掌握蒸汽机的原理，司蒂芬逊经过长途跋涉，步行750多千米路程，来到瓦特的故乡苏格兰的格拉斯哥去做工，在那里整整工作和研究了一年。他不知疲倦地阅读了许多有关蒸汽机的书籍，研究了蒸汽机的发展演变历史，实地考察了各种类型的蒸汽机的特点。

从瓦特研究改进蒸汽机的过程中，司蒂芬逊懂得了许多机械原理：飞轮可以积蓄能量，保持机器的匀速运转；通过曲柄连杆的传动，可以把活塞往返的直线运动，变成车轮旋转的圆周运动。更重要的是，他明白了能的转变和能量守恒定律。煤燃烧放出能量，水受热变成蒸汽得到能量。

啊！是蒸汽的能量推动活塞往返运动，而带动车轮旋转，火车便向前运行了。所以，汽缸里的蒸汽温度越高，能量越大，火车就可以拉很多的货物，而且比马车跑得更快。

　　司蒂芬逊在总结和掌握了前人制造蒸汽机车的经验教训以后，便开始研制新的蒸汽机车。他把当时的立式锅炉改成卧式锅炉，用扩大炉膛的办法，来增加锅炉的受热面积和蒸汽。而且把锅炉改成卧式后，高度降低了，行走、转弯也就平稳、灵活得多。此外，他还在车轮的圆边加上了轮缘，防止火车发生出轨事故，以保证行车安全。

　　经过几年的研究和反复试验，32岁的司蒂芬逊在1813年造出了他的第一台蒸汽机车"布鲁海尔"号。

　　新生事物一开始总难免有缺点。司蒂芬逊的这台机车牵引力虽然很大，能拉30多吨的货物，但是行驶速度很慢，而且开动起来震动得很厉害，不仅震松了车上的许多螺栓，连路轨也震坏了。另外，蒸汽机车放汽的声音尖叫得令人刺耳，吓跑了附近的牛群。一时间各种讥讽劈头盖脸而来："这车怎么还不如马车啊？""这玩意儿拉东西不中用，声音倒挺'管用'，把牛羊都吓跑了。"

　　有一次，司蒂芬逊驾驶这个火车头在煤矿进行试车表演。在试车过程中，由于机车上的螺栓震松了造成翻车，把一名乘车的英国国会议员和某交通公司的董事长摔伤了，于是嘲笑、指责更甚了，一些原来赞成试验的官员也起劲地反对，他们甚至断言用蒸汽机车作交通工具是根本不可能的事。

面对失败和一连串的责难，司蒂芬逊并没有灰心丧气，他以巨大的勇气和毅力，决心对火车头继续进行研究和改进。

为了减轻火车行驶时的震动，司蒂芬逊在车体的下面装置了弹簧。

为了进一步提高锅炉的受热性能和增加蒸汽量，以加大机车的牵引力和延长锅炉的使用寿命，他在锅炉里增设了二十多根小烟管，让炉膛里冒出来的高温烟气，从小烟管排出去。这样，既避免了蒸汽被挤出时发出的啸叫声，又增加了动力，使车轮的转速比以前快了两三倍。

为了防止因温度太高引起锅炉爆裂的事故，他从薄玻璃杯传热快不易爆裂的现象得到启示，于是他不增加锅炉壁的厚度，而是在锅炉的烟道中添置了一些预热管，使废热气从管外经过。这样，加入锅炉的冷水先经过预热管预热，然后再进入锅炉，以避免加入冷水时，因温度剧烈变化而造成锅炉破裂。

新的蒸汽机车制造出来了。在煤矿上试用的结果显示出了它巨大的优越性，从根本上改变了原来煤炭运输的落后面貌。

　　1814年，司蒂芬逊又把"布鲁海尔"号改进为具有两个汽缸的蒸汽机车。它的时速达到7千米，可以在坡道上行驶，能载煤30吨。煤矿老板看到司蒂芬逊的研究成果有利可图，决定投入大笔资金支持他的研制工作。

　　1815年，司蒂芬逊制造出的第二台机车，是根据特莱维茨克机车改制的。1816年，他又制造了第三台运煤机车，并发明了装在机车外部的连杆连接车轮的传动方式，从而增加了机车的牵引力。从此，司蒂芬逊成了蒸汽动力机械专家。

　　从1814年到1825年，司蒂芬逊为各地矿山制造了55台采矿运输机械，其中16台是蒸汽机车。当时英国采矿业的发展迫切需要蒸汽机车，特别是要将煤炭从产地运到海港装上船，这样，机车的作用就越来越大。

　　达林顿是英国的煤都，堆积如山的煤炭只能靠载重马车一车车拉到海港斯托敦。因此有人建议修筑火车铁路。经过协商，运煤公司决定聘请司蒂芬逊担任这项工程的总工程师，在英格兰北部斯托顿和达林顿之间修建一条铁路。

他根据自己多年的实践经验和研究成果，设计了新型铁轨和路面，铁轨由原来的生铁改为熟铁，轨道宽度改为143.5厘米，在枕木底下铺上小石块。这一系列改革，使蒸汽机车的优良性能得以充分发挥。

由于越来越多的矿山、工厂需要蒸汽运输机车，1823年司蒂芬逊与两位投资者合作建立了世界上第一家机车制造厂。不久，英国各地矿山和工厂越来越多地使用司蒂芬逊制造的蒸汽机车。但它们都是短距离的，而且速度比较慢。

能不能让蒸汽机车以更快的速度长距离地运输客人和货物呢？司蒂芬逊认为在理论上应该是可行的。于是，他开始了这方面的努力。

激动人心的试车和比赛

1825年，司蒂芬逊制造了为运送旅客和运输煤炭而特别设计的"旅行者"号机车。经过多方游说，英国官方同意他在斯托敦与达林顿之间40千米的商业铁路上，作长距离的试车运行。

9月27日一大早，司蒂芬逊和他的助手及司炉工来到斯托敦铁路机车起点站，他无限深情地望着这台油光锃亮、结构精良的"旅行者"号。火车头后面拉的是6节装面粉的车厢，接着是20节挤满600多名乘客的改装车厢，最后是6节载煤车厢（当时的车厢要比现在的小），总共32节客货车厢，载重90多吨，像一条长长的巨龙横卧在铁道线上。

司蒂芬逊和助手对机车各个部位作了最后一次检查。一切正常，他示意锅炉工加煤。炉门打开，炽热的火光照映着他的面庞。此时，司蒂芬逊感到周身的血液在沸腾，胸膛里像擂鼓似的怦怦直跳，兴奋、喜悦、紧张相互交织在一起，激动的心情难以平静。

这时，阳光升起，晴空万里。铁路两边人山人海，观众如潮，在欢庆的乐鼓声中，司蒂芬逊站在车头上，笑容满面地向欢呼的人群挥手致意。

锅炉工敏捷快速地向炉膛内加煤，气压不断升高，汽管冲出高压蒸汽。上午9时，只见一个骑着马的指挥官从车尾跑向车头，挥动着信号旗，示意开车。

司蒂芬逊拉了一下汽笛，机车轰鸣起来，大烟囱里冒出滚滚黑烟，机车两旁的连杆机构开始启动，随着有节奏的响声，车轮一齐开始在铁道上滚动起来。车上的旅客顿时叫喊起来："动了，动了！"两旁观众欢声雷动，许多人跟着火车跑，一些人骑马沿着公路追赶着。为了安全起见，指挥官骑着马手拿着旗在火车的前头引路。渐渐地火车把两边一排排的观众抛在后头。司蒂芬逊激动万分，满面笑容地操纵着车头。火车越开越快，时速达24千米。

经过1小时零5分的运行，"旅行者"号机车和它牵引的车厢安全到达终点站达林顿。司蒂芬逊和他的助手们走下机车，再次受到当地官员和观众的热烈欢迎。

这次人类第一次铁路客货长距离试车完满地成功了！从此开创了陆上交通运输的新纪元。世界从这一天——1825年9月27日开始，真正有了铁路交通运输事业。

在成功的荣誉面前，司蒂芬逊并没有自我陶醉而从此止步，他继续运用自己的技术和智慧，在铁路交通运输事业上开辟新的道路。

看到司蒂芬逊首次坐火车长距离运行成功，英政府决定在利物浦和曼彻斯特两大城市之间修筑一条45千米长的铁路。司蒂芬逊被聘请为负责修筑这条铁路的总工程师。

在当时的条件下，这是一项规模空前、难度很大的工程。司蒂芬逊接受了这一工作，他认为这是他一生中的一件大事，因为这条铁路建成后，将成为工业城市和港口联结的交通要道，对英国工业的发展将起到无法估量的作用。

然而，兴建这条铁路，将意味着沿线依靠马车运货和载客谋生的人们会失去工作。因此，那些人激烈反对，甚至有人扬言要伤害司蒂芬逊。

司蒂芬逊一边和这些不通情达理的人们作斗争，一边进行这一伟大事业。建设工程相当浩大。最艰巨的是要架设63座桥梁，并在利物浦的地下挖2千米长的隧道。他和工人们一起，克服了重重困难，在艰苦环境下顽强地拼搏，终于在1828年建成了这条铁路。

这时有人提出："这条铁路用司蒂芬逊的机车不完全合适，不妨进行一次火车比赛，从中选出最优秀的机车来运输岂不更好。"

司蒂芬逊接受挑战，赞成这种意见。

"那么，就开一次机车比赛会来决定吧。"

于是，司蒂芬逊在自己的机车工厂里，制造了一台"火箭"号新机车参加比赛。

其他制造机车的名家也纷纷制造出新机车前来参赛，其中包括手摇车头带动的列车和马拉的铁道马车。

首先，进行了预选赛，结果选出了性能最好的4台蒸汽机车。这4台机车是："新奇"号、"圣斯佩特"号、"帕希巴兰斯"号和司蒂芬逊的"火箭"号。

1829年10月的一天，在利物浦举行了隆重的火车比赛。通过报纸的宣传，有一万多名观众观看了这场罕见而热闹的机车比赛。

比赛那天，在利物浦附近的比赛场热闹非凡，4台披红挂绿的机车整装待发。

比赛条件规定，机车要以时速16千米，在3.2千米的线路上往复行驶20次，这时锅炉的压力不得超过3.5千克/平方厘米。

比赛开始，4台机车轮流行驶。首先由"新奇"号开始，在第三次往返中，因机车的管道破裂而失败。

然后是"帕希巴兰斯"号，车一启动就出了毛病而不能行驶。

接着是司蒂芬逊和他儿子驾驶的"火箭"号，在平均每小时45千米的速度下整整跑了20个来回，机车运行一直很顺利。

最后是"圣斯佩特"号，在不到10次的往返途中，汽缸破裂，退出了比赛。

这样，司蒂芬逊的"火箭"号在比赛中大获全胜，荣获冠军。

从此，火车得到了人们的称赞和重视，它正式登上了交通运输的历史舞台。

陆上交通运输的新纪元

蒸汽机车问世初期，虽然为铁路交通运输立下了汗马功劳，但作为长途交通运输工具，其性能、造价以及运营费用等方面，都存在不少问题。所以，当时有人主张使用马车牵引，而对蒸汽机车充满偏见和疑虑。甚至还有人在报上发表文章反对火车。现在再来读读这些蠢话，你会觉得颇有意思的。

一位著名的医生说："乘火车通过隧道，最有害于健康。对体质较强的人，起码也会引起感冒和神经衰弱等病症；如果身体衰弱的人，则更危险。"

还有人竭力呼吁停止建造铁道的计划，理由是："要知道，火车的声音很响，这会使牛受惊，不敢吃草，牛奶就没有了；鸡鸭受惊，就不下蛋了。而且烟筒里毒气上升，将杀绝飞鸟；火星四溅，将酿成大火；倘若锅炉爆炸，后果更不堪设想，至少乘客将遭断手折骨之惨！"

当然，这些言论现在看来挺滑稽的。但是，和所有的新生事物一样，铁路交通运输在它的早期是很不成熟和完善的。由于当时的技术水平所限，火车尚不能保证正点运行，以至于常使旅客担心，是否能完全到达几十千米以外的终点站。

尤其使我们今天觉得不可思议的是，由于当时火车上没有制动装置，遇到紧急情况不能刹车，火车到站不能停在该停的位置上。司机只能将锅炉熄火，使火车按惯性顺势滑行，然后，车上响起哨声。于是车上的男性乘客们便匆匆跳下仍在徐徐移动的列车，齐心合力将火车拉住停下。不难想象，当时的景象是何等热闹和混乱，也很不安全。

后来，发明了一种装在机车轮子上的手动式机械制动闸（车厢下的轮子没有装闸）。当遇到紧急情况需要刹车时，司机必须用手扳动闸把，闸瓦慢慢压到轮子上，动作既慢，效果又差，经常发生事故。后来，虽然在每节车厢上都安装了制动闸，但还是要靠人力制动：当司机发现意外需要刹车时，就鸣笛示意，在车厢里的制动人员闻声立即扳动闸把，使整列车实现制动。然而，这种制动效果也不怎么理想。

这种状况，一直持续到1869年，到美国的乔治·韦斯汀豪斯发明了直通制动机才有所改变。这一年，韦斯汀豪斯把一台用蒸汽驱动的气泵安装在机车上，再把空气压缩到一个圆筒里贮存起来。每节车厢的轮子旁都装上了气缸，闸瓦固定在气缸的活塞上，并用许多长筒子把压缩空气罐与缸体连通起来。这样，只要司机需要拉闸，压缩空气推动活塞就能使每节车厢上的闸瓦紧紧压在车轮上，很快便将整列火车刹住。

3年后，韦斯汀豪斯又发明了自动制动机，并制造成功世界上第一个三通阀，从而为今天各种车辆的安全刹车奠定了基础。

1829年10月，当司蒂芬逊在利物浦获得世界上第一次机车比赛的胜利以后不久，美国人也受其影响，搞了一次马车与火车的比赛。

1830年8月28日，美国的巴尔的摩港人欢马叫，万头攒动。这里正在举行世界上第一次马车与火车的赛跑。

为什么要进行这场我们今天看来简直是风马牛不相及的比赛呢？原来，当地有个叫彼得·库柏的大地主，制造了一台名叫"大拇指汤姆"号的机车，决心要与当地的公共马车大老板斯托克登的一匹非常出色的"灰马"比个高低。

比赛开始了，由于火车启动慢，因此马车领先了400米。当机车正常运行，并以24千米/小时的速度通过转弯处，眼看"灰马"的主人就要认输时，突然，机车鼓风机的皮带从轮子上脱落下来，结果"灰马"从后面追了上来，赢得了这场比赛的胜利。

尽管如此，人们通过比赛还是看到了机车牵引的内在潜力和发展方向，所以真正的胜利者还是库柏。

自1830年以后不到10年的时间里，世界各国相继修建了铁路，开通了火车，并对蒸汽机不断地进行改进，以更新的产品、更高的速度招徕更多的客货运量。各国、各公司之间竞争很激烈，展开了一场铁路交通运输"大战"，从而使陆路交通运输进入了一个新的纪元。

大英帝国利用本国发明机车的有利条件，大力发展铁路交通运输事业。铁路像雨后春笋般地敷设起来。伦敦至伯明翰、纽卡斯尔、爱丁堡、布里斯托尔等地的铁路相继建成通车。

到1932年，英国就已经拥有24条商用铁路了，其中最兴旺的每年可运送35万名旅客和7万吨货物。

在新铁路线上运送客货的火车头，大多数是司蒂芬逊和他的儿子创办的公司制造的。这些机车主要属于"火箭"型和后来发展起来的"行星"型。这两种机车的构造比较合理，其内部装有高压锅炉，锅炉内装着排列有序的汽管结构网，所产生的高压蒸汽通往一对卧式汽缸，由汽缸中的活塞带动连杆，进而驱动机车的主动轮转动。这种结构成为后来蒸汽机车的楷模。

当时，在英国最受人们欢迎的铁路是利物浦—曼彻斯特铁路。该线每年的客货运量相当可观，仅1831年一年，这条铁路的总收入就高达50万英镑之多。

1829年，"火箭"号机车在英国创造出时速85千米的世界纪录。6年后，一辆夏普和罗伯尔机车又把时速提高到100千米。到1890年，法国的克兰屯机车以每小时144千米的速度创造了新的纪录。3年后，一台美国"999"号机车又以160千米/小时的新纪录独占鳌头。

1835年以后，司蒂芬逊和他的儿子多次接受了架设铁路桥的工作。当时桥的大梁已使用熟铁来取代铸铁。在架设连接伦敦和维尔兹的布里塔尼亚铁桥时，为了寻求最佳的方案，司蒂芬逊和他的儿子一起搞实验，研究横梁对保持桥梁刚性的作用的问题。

在实验中，司蒂芬逊对桥结构梁的设计理论有了很大突破。

司蒂芬逊的晚年，是在一个风光秀丽的塔普拉敦山庄度过的，在那里他热心地从事自己所喜欢的农业和畜牧业。

1848年8月12日，终生致力于发展铁路交通运输事业的司蒂芬逊与世长辞，终年67岁。

司蒂芬逊逝世以后不久，由他亲手制造的世界上第一台铁路机车"旅行者"号，在服役20多年以后光荣地退役了。这台机车被陈列在世界第一条铁路的起点站达林顿车站的站台上，到那里参观的人络绎不绝。在那里，人们不仅可以看到世界上第一列火车的机车和车厢，还可以目睹世界上第一条铁路的面貌：铁轨很单薄，被固定在方块石头上，铁轨下没有铺枕木，更没有今天用碎石铺成的路基。

如今，铁路已经遍布全世界，新的铁路正在快速地修建，无数的火车，不分日夜奔驰在城市、乡镇和国家之间。近几十年来，铁路交通运输又有了惊人的发展，继蒸汽机车以后，出现了内燃机车、电气机车；在一些发达国家里还出现了磁悬浮气垫火车，最高时速可达500千米。

今天，蒸汽机车已经完成了它的历史使命，陆续进了博物馆。但人们将永远怀念它和它的发明者——放牛娃出身的司蒂芬逊。他那不畏艰辛、百折不回、勤奋学习、勇于创新的精神，将永远铭记在世界人民的心中！

早期汽车的故事

本茨点燃了汽车的星星之火

汽车，是现代一种最常见的交通工具。少年儿童往往会问：汽车是谁发明的？最早的汽车是什么模样呢？

让我们先讲讲车子的故事。我们中国是发明车子最早的国家，据说世界上第一辆车子，就是夏禹时一位大夫奚仲发明的。马车运输一直在中国占有重要的地位，但后来一直没有多大的新发展。大约在中世纪，我国的马车传入了欧洲。欧洲人倒是很快发展了它。

马要吃草，还会生病，力气也不是很大，而且还会随时随地撒尿拉屎。显然，让马拉车并不是一个很理想的选择，尤其是在城市中。于是，就有人想寻找一种机器代替马拉车。汽车就是在这种愿望的驱使下诞生的。

最早的汽车，可称得上是名副其实的"汽"车了，因为它是用蒸汽作动力的。1770年，法国人居纽（Nicholas Cugnot）设计制造了一辆"不用马的马车"，就是用蒸汽机作动力的载重车。它体积很大，有4个轮子，开动起来走得很慢，每小时只能走3.5千米，这与普通人走路的速度差不多。由于蒸汽机的力量很大，因此这辆车的载重量倒不小，有5吨之多。

遗憾的是，它太笨重，控制系统也不灵，操纵起来很困难。居纽将它驶上大街，竟屡屡发生撞人碰墙的事故。最后只得闲置不用了。现在，在法国巴黎的国立工艺博物馆里，还陈列着这辆原始的"汽"车。

1804年，另一位法国人脱威迪克又设计制造了一辆蒸汽汽车。这辆汽车拖着10吨重的货物，创造了汽车首次行驶15.7千米的奇迹。

如果说汽车应该是一种供人享用的车，而不应该只用于载货和拖大炮，那么要论第一辆载客汽车，得把时间推到1815年。这一年捷克人普什克制造了一辆4座位的蒸汽汽车，可惜这第一辆汽车并没有留传下来。原来，当时由于筹集展览用的钱被盗窃，他大为沮丧，抡起大锤，把这辆车砸坏了。后来，另一位英国人汉考克在1838年制造了一辆轻型载客蒸汽敞篷车。这辆车比起前人的发明来更为成功，但他没有考虑出售。

第一个公开出售汽车的是一位英国白金汉郡的铸工，名叫李克特。在1859—1860年中，他制造了3辆轻型载客蒸汽汽车。其中有一辆曾为维多利亚皇后作过表演，有一辆车卖给了卡士尼斯伯爵，他驾驶着这辆车走了有纪念意义的234千米的路程。李克特为了达到宣传效果，竟以每辆200英镑的低价出售了这3辆车。

蒸汽汽车虽然得到了应用，但居纽和其他一些人的实践也证明了，把这种机器搬到马路上去代替马作为车子行驶的动力，缺点很多。因为它必须带有锅炉，体积庞大而笨重。如果都用蒸汽机来造"汽"车，那么马路必然要造得很宽，而且加煤加水也很麻烦……

"山重水复疑无路，柳暗花明又一村"。正当人们苦于找不到能代替马的合适机器的时候，传来了喜讯。

1876年，德国工程师奥托经过无数次失败后，终于发明了用煤气作燃料的新型动力机械—内燃机。这种机械虽然马力比蒸汽机小，但体积小，不用烧煤供水，使用起来很方便。它开动时不需要复杂的联动装置，控制启动和熄火都非常方便。这很快便引起了人们的注意。1878年，奥托申请了具有进气、压缩、做功和排气四冲程内燃机的专利，从此开创了内燃机动力汽车的新纪元。

一位叫兰根的机械师，看到奥托的新玩意儿很感兴趣，便和他合伙开设了一家制造工厂。几年后，正式定名为"德意志煤气发动机公司"。这家公司聘请了专门研究发动机的专家本茨（Karl Benz，1844—929）担任总工程师。本茨对这种煤气机进行了重大改革，效能显著提高了。

1886年1月29日，本茨把一台改进过的汽油内燃机装在一个有三个轮子的车架上，这就是世界上第一辆用汽油做燃料的真正的汽车。这辆车一小时能跑上16千米，比起蒸汽机的"汽"车，显然是要灵巧得多了。当时，本茨一共制造了两辆这样的车，其中的一辆现在仍保存在德国的慕尼黑博物馆里。

1844年11月25日，本茨出生于德国一个火车司机的家庭。当时谁也不会想到，就是这个孩子在几十年之后，制造了世界上第一辆汽车，从而点燃了汽车文明的星星之火。

也许是家庭熏陶的结果，本茨从小对机械充满特殊的兴趣，他能成为汽车之父，是从对发动机研制开始的。1876年奥托发明四冲程发动机后，本茨决定开始研制自己的发动机。直到1881年，他的燃气发动机仍未能获得专利权。

那时，他没有工厂，也无资金，靠为别人加工物品和变卖妻子的嫁妆、首饰维持研制和一家4口的生活。后来，在一位叫比勒的皇家摄影师的资助下，本茨有了自己办的曼海姆燃气发动机厂和6名工人。1882年，又在一位银行家的资助下，成立了曼海姆燃气发动机有限股份公司，开始了他事业上的鼎盛时期。

1885年，本茨制造了发动机排气量为1691毫升的三轮汽车，在围绕他公司的泥路上行驶。可是汽车没走多远，发动机就熄火了。由于这辆车的设计、制造与试验没有留下任何文字记载，因此未被后人确认。不过，是它开创了汽油发动机汽车历史的先河。

直到1886年，本茨才取得了汽车发明的专利。以后，本茨多次改进他的三轮汽车，但一直未在公开场合行驶。这辆车由于一度出现过"抛锚"现象，遭到了人们的讥笑。他的妻子贝尔塔却勇于站出来为丈夫解除思想负担。她没有告诉本茨，在一个清早，她带着两个孩子偷偷地把这辆车开出去探望住在100千米以外的祖母。而这次出征，除了中途加了一次油和修理了一次制动器以外，没有出现其他问题。这次旅程开创了内燃机汽车长途行驶的首次记录。

1888年9月12日，第一辆本茨汽车参加了慕尼黑"发动机和机械加工展览会"。展会期间，人们看到一辆无马的三轮"马车"穿行于广场和大街之间，所有的人都惊喜万分。这辆与马车外形没有什么区别的自动车，让人们领略了未来世界的新奇。在展览会上，本茨还进行了订货交易。

1893年，本茨开始生产"维克多利亚"牌四轮汽车，这种发动机有3匹马力。但由于价格过高，销售受滞。本茨接受意见，设计了相对便宜的车，定价为2000马克，并于1894年投入批量生产。这种便宜的"维克多利亚"汽车是世界上第一种开始批量生产的汽车。从1895年10月到1895年10月，共销售125辆。

"维克多利亚"汽车的热销极大地鼓舞了本茨。之后，他将这种车的发动机和底盘重新改进，共有18个座位，使这种车成为世界上第一辆公共汽车。

1926年，本茨经过多年的努力，终于建立起他梦寐以求的奔驰汽车公司。到今天为止，奔驰公司在德国本土拥有11家工厂，1138家代销机构；在国外拥有18家工厂，25家组装加工厂和4756家代销和维修机构。

1929年，本茨与世长辞。但他点燃的汽车文明的星星之火，已在全世界形成燎原之势。他用毕生心血创建的奔驰汽车公司，已成为世界高质量汽车公司的佼佼者。

天才的少年发明家福特

本茨获得世界第一辆三轮汽车的专利后不久，在美国，1892年杜利亚（Duryea）兄弟制造了最初的汽油汽车。于是在美国的街道上也出现了几辆汽油汽车。不过那是一种昂贵的玩物，当时只有阔佬才买得起，一般人只是看到赛车的报道后才对汽车有兴趣。

事实上，当时的汽车在驾驶操作上很复杂，而且又容易出毛病，所以汽车绝不是普通人可以拥有的。在这种情况下，不断有人对汽车进行改良。在这些技术人员中，有一位成功地把汽车大众化，后来被誉为"世界汽车大王"的福特（Henry Ford，1863—1947）。福特以制造操作简易、少出毛病、经久耐用的汽车为目标，不久他制成了"T"型福特车（1908年），深受大众欢迎。

　　在美国人的心目中，福特这个名字也就是汽车的代名词。福特是一个普通农民的孩子，凭着聪明的天赋和顽强的奋斗精神，矢志不渝地追求着自己的目标——让汽车成为美国大众生活中不可缺少的东西。他以坚强的意志为引擎，牵引着自己在人生坎坷的道路上跋涉，牵引着自己的事业不断向前发展，直到最后成为用汽车征服世界的"绝对帝王"。

　　福特的祖籍在爱尔兰，世代以务农为业。19世纪中叶，爱尔兰遇到荒年，农作物歉收，福特的祖父带着他的父亲威廉兄弟三人，移居美国密歇根州。

　　1863年7月30日，福特来到了人世间。他7岁上学，从一年级到八年级，都挤在一间只有4排双人课桌的教室里，听一位教师讲课。冬天是男教师授课，春天这位男教师要去种地就由女教师代课。

在学校里读书时，福特经常做游戏实验，最早做的是水车。学校旁边有一条低洼农田的排水沟，福特领着几个同学把水沟堵住，用锄头柄把水车和咖啡磨碎机连接起来，在磨碎机里放入马铃薯或面块，做一种磨粉游戏。后来又改放小石头，水车转动时，石头互相碰撞，哗啦哗啦地发出声响并四溅水花，大家玩得很开心。但是，有一次做完游戏实验后，他们忘了把堵住的水放掉，一夜之间，那片低洼地变成了"汪洋大海"，第二天地主气势汹汹地来到学校告状。

在学校的篱笆下，他们还做过用蒸汽旋转马达的实验，一分钟能转3000转。不料，正当他们全神贯注地做实验时，突然马达爆炸了，破片扎伤了福特的嘴唇；更为不幸的是，一块大碎片扎进了一个同学的肚子里，这同学当场就死亡了。

虽然受到这次意外的打击，但福特的小实验却始终没有停止。后来他又在学校后面的小房子里利用碾谷机的动力把风送进炉子，熔炼玻璃瓦、玻璃碎片，然后倒入模型内，做成各种形状的玻璃玩具。在家里，他住的那间卧房压根儿成了他的实验室。

福特父母对他的教育影响着他的一生。父亲威廉引导儿子对自然界产生爱好。母亲玛丽是一位杰出的家庭教师，她对年幼的福特说："生活将有许多不愉快的事情要你去做，那是很艰难很不称心的，有时还会使你痛苦，但是你必须去做。你可以怜悯别人，但你一定不能怜悯自己。"由于父母的影响，福特养成了沉静、刚毅不屈的性格。这对他日后的成功起着莫大的作用。

玛丽还经常教给福特一些有关日食、月食的形成以及星星、太阳等方面的天文知识，以此来激发儿子的好奇心。有一次，福特指着烧水的茶壶问父亲："如果把出水汽的小孔堵住，那会产生什么结果呢？"父亲怕儿子要闹出事，便支吾着敷衍过去，小福特真的将小孔堵住，结果水壶的水喷了出来，烫伤了他的面颊。他由此得到了自己的答案。

福特的好奇心越来越强。有一天，一个同学跟他打赌说他不可能修好他的表，他就迷恋上拆装钟表，致使家里人一看到福特回来便将手表收藏起来。

有一次，福特和父亲乘马车去底特律。途中他看到蒸汽推动的车子，他惊讶得几乎跳了起来。那是一辆牵引式的车子，前面的车上装有发动机和汽锅，牵动后面载着水槽、煤炭的货车，发动机和前车的后轮之间有一条铁链，发动机旋转时带动车轮使车子前进。车不开动时，拆下铁链换上皮带，还可以作打谷脱粒的动力使用。

福特向驾驶车辆的工程师提了一大堆问题。那位先生把车子的性能、操作方法都告诉了福特。回家后，他整天都在想如何仿制这样的发动机。他做了个木质车身，又用一个5加仑（英美制容量单位，美制1加仑等于3.785升）的油桶当做锅炉，但由于许多关键的机械零件无法制造，只得半途而废。

自从迷恋上钟表和蒸汽车以后，福特对农活日渐失去了兴趣，干农活时经常魂不守舍，遭父亲训斥也无济于事。

1880年，16岁的福特对农田的生活已完全感到厌倦了。有一天早晨，他突然失踪了！

原来，那天一早，福特搭上一辆大马车到底特律去了。一周后父亲找到了他，劝他回去干农活。但他告诉父亲，自己在密西根汽车制造公司就业了。父亲只好说：
"如果你认为这是你的道路，你就留在那儿吧，改变想法
的时候就回来。"

当时，底特律还是一个人口不满12万的小城市，但工
业很发达，各种大小工厂有一百多家，其中最大的密西根
汽车制造公司拥有近两千员工。福特在公司当了一名见习
生，工薪每天10美元，这在那时已算是高工资了。然而，
由于他能轻而易举地修复一些熟练工人也要几个小时才能
修复的机械，因而遭到一些人和工头的非难，只做了6天
便被解雇了。

福特失去了这份工作以后，他又在另一家小机器厂当
一名技工。但每天2.5美元的工资难以维持生计，他只好每
天晚上在一家珠宝店修理手表，从中得到50美分的收入。
这时，福特曾想经营钟表业，生产大众化的手表。经过详
细计算，每年必须销售60万只才能维持收支平衡。这么大
的批量能做到吗？福特感到失望，不得不打消这一念头。

几个月之后，福特在底特律最大的一家船厂找到了一
份工作。这份工作使他能接触到马达。他在业余时间读了
大量的机械杂志和图书，当他看到杂志上介绍奥托制造的

汽油发动机的文章之后，便着手设计一部动力机器。当时底特律只是部分地方供电，福特做实验没有动力来源，他就制造了一个小型涡轮机，将它与公寓后院的水龙头相连接。利用水压，这部涡轮机可以产生0.5马力（1马力等于0.735千瓦）的功率，足以运转一部车床。这便是福特制造的第一台有实用价值的发动机。

人生的转折点

1888年4月11日，福特与邻镇的克莱拉·布莱拉小姐结为夫妻。他放弃了城市生活，和妻子在小农场里一直待到近30岁。

那时候，美国的汽车工业在各方面已经有了长足的进步，钢铁业逐渐发达，铁路一再延伸，石油精炼技术也进步很快，电灯、电话相继问世。在工业大潮的影响下，福特无法再忍受乡村那种农耕和机修的生活了。

有一天，他向妻子讲了"要用汽油发动机制造一辆不用马拉的自动车"的计划，克莱拉感到非常新鲜，问道："真能做出这种车吗？"福特立即拿纸画出一张将发动机固定在车上的构想图。他很清楚，要实施自己的计划还必须有电气方面的知识，同时还需要钱购买工具和材料。

福特的决心很大，谁也无法动摇，1891年9月，他和妻子踏上了充满挑战和挫折的新生活的旅途。

以发明各种电器而闻名于世的托马斯·爱迪生（Thomas Alva Edison，1847—1931）在底特律建造了一座火力发电厂，并在那里进行各种研究和发明实验。

当时，爱迪生公司是底特律最大的一家发电厂，为爱迪生私人所有，下面有莱斯·戴纳蒙和阿明顿两个分厂，负责供应市区1200户居民的用电。

福特一家搬到底特律以后，他在爱迪生的照明公司上班。从一开始，他在工厂就干得非常出色。由于他勤于阅读机械方面的书刊，并且不时构想一些模型，同行们很快就发现他对"无马马车"（汽车的旧称）怀着执著的追求。有时人们好奇地向他询问一些事，他总是笑而不答，因此他被认为是一个怪人，但大多数人对他很有好感。

有一天，公司的蒸汽机发生了故障，经理大伤脑筋。福特自告奋勇去把它修复好，经理非常高兴，把他的薪水增加到每月75美元。两年后，又提拔他当了主任技师。

生活安定下来，时间充裕了，每晚下班以后，他就到自己的实验室进行研究。实验一次一次地失败了，但他从不灰心，分析失败的原因后，又坚忍不拔地投入"无马马车"的设计计划。

这时，查尔斯·杜里埃发明了美国第一辆汽车。这辆命名为"美国制汽油发动机车1号"的"自动马车"，1893年夏天在马路公开行驶以后，引起了巨大的震动。但福特却一点也不感到新鲜和惊奇。他认为，杜里埃制造的车子并不理想，还停留在初级阶段，需要改良的地方很多。而他要造的是高性能的自动"马车"。

福特充分利用爱迪生公司的加工车间，在工余时间不断地进行着自己的研究。当时美国精密机械实验方面有一定的基础，加上自行车、马车制造业的兴起，为自动车的诞生提供了必要的技术条件。

为了能找到一间条件较好的实验室，福特不得不几次搬家，最后搬到了伯格莱街一栋两户合住的房子。这时，克莱拉刚生下了他们的长子埃兹尔。由于福特的实验违背了公司的意愿，他只好将家里的厨房改装成实验室。克莱拉不仅毫无怨言，而且还主动地充当丈夫的助手。她坚信，丈夫的事业有朝一日总会成功的。

福特认识了一位名叫巴提尔的德国侨民，他当时只有

18岁。巴提尔对汽车引擎有着强烈的爱好，很自然便成了福特第一个志同道合的伙伴。但两个人的力量毕竟是单薄的，于是福特又另找了两个人合作，其中一个是爱迪生公司的电气工程师，名叫凯特，另一个是一位心灵手巧的年轻人，名叫毕休普。这样，福特组成了一个研制内燃引擎的四人小组。

研究小组的经济状况是令人沮丧的。他们只能租下发电厂隔壁一个地下煤仓作为实验室。尽管他们在实验中非常小心，可是有一次由于福特的大意，将硫黄滴入燃烧的煤中而导致臭气外泄，引起一场不小的骚动。为了使研究能继续下去，福特他们节衣缩食，把钱投入到研究中去。研究工作是紧张而艰苦的，引擎技师毕休普和电气技师凯特，每天夜晚都与福特一起苦干。此外，协助福特的还有一些人，其中有底特律地方银行总裁的儿子和布料批发商的儿子等。

1896年6月4日，对福特来说是一个终生难忘的日子。

这天凌晨2点钟，福特在他试制的第一辆车上铆上最后一颗铆钉，他已经接连两夜未眠了，但他那布满血丝的眼睛还是放射着兴奋的光芒，他发明的这台能奔跑的机车终于完工了！当他想将汽车驶出工场大门时，发现门太窄了。于是他毫不犹豫地抢起大锤，在墙上打出一个很大的缺口，然后驾车驶了出去，很快没入寂静的夜色之中。

福特从童年就孕育着的梦想，如今终于成为现实了。

福特试制的第一辆车是四冲程四汽缸式，速度有两档，分别为时速16千米和32千米，若再加上空转装置则共有三档。整个车身装在一个由四轮自行车轮支承的轻型底盘上，总重量约为227千克。后来福特称它是一辆"婴儿车"。

这辆车不仅没有刹车装置，更为重要的是没有反转装置，所以只能前进而无法倒退，需借助人力才能改变方向。

汽车的内部设计也很简单：安装在驾驶座前方仪表板上的方向盘，是利用船上的舵柄改造而成的；车内安装了电线、按钮和电铃；从对轴到油门之间的驱动力量，是靠锁链传动装置来完成的。

尽管如此，这辆车的问世，对福特来说，是一件了不起的具有开创性的成功。

1896年8月，福特应他上司的邀请，去纽约参加爱迪生公司的年会。当时他是以底特律爱迪生公司发电所的主任技师身份参加会议的。在长岛东方宾馆举行的宴会上，他第一次见到了爱迪生。爱迪生十分注重福特的研究成果，他拍着福特的肩膀说："年轻人，你的主意不错，努力坚持研究下去，创造更多更好的发明成果！"接着，爱迪生转向其他人说："他那种东西比电动车有更大的优点，因为它是自己供应动力的。"

福特从小就十分崇拜爱迪生，认为他是最伟大的发明家。福特本来是个善谈的人，但是在这位伟大的发明家面前，他竟然连几句客套话也说不上来。

此时，爱迪生问到了他制造的汽车结构等方面的情况，福特红着脸详细地作了回答。爱迪生以极大的兴趣倾听他的讲述，并鼓励他说："装上燃料行驶，这是最完善的车，希望你能继续完成这项有意义的工作。"

爱迪生的这番话，对于福特来说，是一种巨大的驱动力。他为能得到自己最尊敬的伟大发明家的鼓励和支持，感到浑身增加了无穷无尽的力量。

从此以后，福特和爱迪生结下了深厚的友谊，这友谊在他们俩的一生中，占有十分重要的地位。他俩的社会出身十分相似，又有共同的兴趣和爱好。即使在1914年欧洲战争爆发时，爱迪生夫妻俩还到迪阿本拜访了福特，一起谈论这场战争"令人痛心"的事。

他们俩经常带着家眷互访，有时还外出旅行，夜间野营围坐在篝火旁，谈论的话题涉及政治、战争、工业、发明创造、民众生活等等。

1899年，福特辞去了爱迪生公司的工作，建立起一座小型汽车制造厂，开始筹划研制他的第二辆汽车。

勇于开拓的福特公司

1899年8月5日，底特律市汽车公司正式成立，总资金15万美元。福特担任总工程师。从此以后，制造汽车成了他毕生的事业。

底特律市市长威廉·梅白莱对福特造车很感兴趣。福特刚制成第二辆样车的时候，市长便给他颁发了执照。第二辆车要比第一辆车稍大一些，合乎轻便化、大众化的要求。梅白莱市长坐在福特的车上，愉快地在底特律郊外兜风，感到很惬意。

公司将这辆车送给了邮局运送邮件。当时，《底特律论坛报》发表了一篇文章，称赞汽油车的出现是划时代的，是对蒸汽动力的一次革命。

不过，那时福特制造汽车的生产过程一切都是靠手工完成，因此整个生产装配过程的进展很慢。福特对这种生产状况很不满意。此时，福特与公司的总负责人发生了矛盾。于是他向公司提出辞呈。福特一走，该公司也就关门停业了。

虽然福特设计制造的两种车都未能投入批量生产，但那时汽车已不再是遥不可及的新奇东西了。美国的一些富人把汽车看为一种时髦之物，为扩大影响，还举办了"汽车节"。

1899年，在罗特新港举办的"汽车节"上，人们看到了装饰华贵的各式汽车，从而打破了以往人们认为汽车是"怪物"的印象。不久，罗斯福成为美国第一个乘坐汽车的总统，一家报纸称赞他显示了"特有的勇敢"。

1901年，在美国底特律举行了一场全国性的汽车大赛。比赛分四场进行：第一场是蒸汽车8千米比赛，第二场是电汽车的角逐，第三场是1.6千米竞速，最后的压轴戏是16千米距离的竞赛。福特在最后的一场比赛中，驾驶着自己的新车向亚历山大·温顿挑战。比赛十分激烈，温顿有着丰富的比赛经验，他的车性能也很好，不幸的是途中出了故障，福特便成了当然的冠军，一下子成了底特律的英雄。

从此以后，福特把全部精力投入制造两辆80马力的大型四汽缸赛车。车还没有造好，福特就为它们想好了名字，一辆取名"999"号，另一辆叫"亚罗"号。

新的赛车造出来后，样子很怪，因为汽车的机械引擎、油箱都露在外面，车身全长约3米多，引擎转速每分钟1500转，而且只有一个座位。福特认为驾驶员一个就足够了。

福特驾驶着他的新车又参加了1902年的汽车大赛，结果他再次挫败了温顿，而且还刷新了全美纪录。

然而，福特认为赛车的实用价值不大，没有发展前途，把汽车设计成赛车，只是让富人多了一种玩具。于是，福特以后再也没有制造过赛车。

1903年6月，福特与一位叫马尔堪逊的煤炭商谈到新建一个汽车公司的事，请求马尔堪逊投资部分资金，不久，他正式创立了福特汽车公司。最初工厂设在底特律的迈克街，租的是一家冷库，只有车床、钻床等一般机器10

台，全部员工也只有10人，其中几名是有经验的工程师。威尔斯工程师是一个很富有个性的人，他曾和福特共同研制过"999"赛车，来到新公司后，又与福特一起同心协力开发"A"型汽车。在设计图纸完成以后威尔斯顺手描摹了福特的签字，用草体书出"ford"，福特便同意把它作为车的标牌。

公司成立不久，他们就制造了一种被命名为"A"型车的新产品。这种车是2汽缸、10千瓦的轻型车，时速48千米。公司在广告中写道："这是世界上最可靠的汽车，双汽缸，功率很大，能爬最陡的坡，能穿最泥泞的道路，是世界纪录创造者——造'999'车的同一天才人物所创造，是价格中等、完全实用的新型汽车。"

虽然一台"A"型车的售价高达850美元，但一开始便供不应求。上市后不到一年时间，就销售了650辆。在后来的3个月，销售量猛增到1100辆，还源源不断地接到订货单。员工人数迅速增加了4倍。

经过一段时期，汽车销售店把用户在使用"A"型车中发现的毛病和问题一一提交给公司。福特对用户提出的意见应当重视。他说，工厂进行汽车的装配实际只完成全部工作的75％，剩下25％的工作应是最后的机械调整、检查轮胎、加入汽油、清洗干净以后，才能交到用户手上。于是，他派出巡回指导员到各销售店，向用户说明汽车的构造、调整和修理方法。

从此，"A"型车的生产和经营逐步进入了良性循环轨道。"A"型车问世的第二年，月产量已达到300辆，第三年月产量上升到360辆。福特公司的汽车厂成了底特律最忙的工厂。由于汽车产量不断增加，员工人数和机器设备也随之剧增，在福特的主持下，1904年在比克特大街建造了一座新的工厂，规模和面积比原厂大了10倍。

新厂聘请了一位专家詹姆斯·库兹恩斯担任经理。库兹恩斯上任以后，采取了三项重大措施：第一，进行市场预测，他认为只有产品价廉物美耐用才能多销，因此定出了一辆车售价为500美元的奋斗目标；第二，要使产品价格低廉，必须采取流水作业式的生产，为此他请来了"机械化天才"弗兰德斯和设计师克兰，建立了世界上第一条汽车总装生产流水线，使过去需要12小时28分才生产一辆汽车的时间，缩短为93分钟就生产一辆，生产效率大大地提高了，从而大大降低了生产成本；第三，广泛建立销售网。1906年，福特公司便推出一辆编号为"N"的新型小汽车，售价500美元。

福特公司生产的"N"型车，是一种比过去任何汽车都优越的新车，不但性能好，外形也美观，而售价却比其他公司上市的车价便宜30%。因此，有人称"N"型车是汽车工业革命性的产品。而福特也自认为"N"型车是他"一生中所完成的大事业之一"。

"N"型车上市以后，各地的订货单多得简直无法及时赶制出产品来，只好把部分客户预付的订金退回。由于"N"型车的畅销，必然导致其他旧型车的滞销。为了不断扩大公司的规模，福特公司特别重视设计更新的车型。

1906至1907年间，除了"N"型车外，福特公司又制作了"R"型、"S"型汽车。这些性能良好、价格低廉的汽车同样非常畅销，上市后的第二年即销售8000多辆。

在福特公司成立后的五年中，按英文字母A、B、C、F、K、N、R、S的顺序生产了8种车型。从2个汽缸的"A"型车到6个汽缸的大型车，发动机由8马力（约10千瓦）提高到40马力（约13.6千瓦），从有篷车发展到无篷车。1902年，美国平均每150万人才有一辆汽车；1905

年，每5万人就有一辆；1907年春，已实现800人有一辆，说明美国汽车社会化的发展速度是空前的。

随着汽车的普及，福特公司的汽车也更为畅销。美国的各大城市都设有福特的分公司，销售店有几百家；此外，还在加拿大、英国、法国设立了分公司，并在其他一些国家设有代销处，很快使福特公司生产的汽车遍布世界各地，甚至在仍使用人力车的日本狭窄的道路上也能看到福特汽车。此时，福特对自己的事业更加充满了信心，他感到汽车工业时代的曙光即将来临。

为了制造出更为大众所乐意接受的汽车，公司技术部门全力以赴，努力研究改进车型。他们不但买进国内其他公司的汽车，也输入法国的汽车，作为研究革新的参考。1908年，福特推出了他的得意之作——"T"型汽车。

"T"型车的问世，将汽车工业带入一个全新的境界。福特曾预言："我要为人民大众制造一种大到可容纳全家，小到仅供个人使用和观赏的车子，用最好的材料、最优秀的人来制造，车的价格将会低到领一般工资的人都能买得起，使每个人、每个家庭都能在大自然的怀抱中享受生活。"有后人曾评论说，汽车文明对人类生活产生强烈的影响，就是从"T"型车开始的。

事实确实如此，"T"型车的出现，在汽车工业发展史上是一个划时代的创举。第一次世界大战结束时，福特公司已经控制了北美乃至世界各地的汽车市场，地球上几乎有一半汽车是"T"型车。福特公司一跃成为世界上最大的汽车制造公司，福特本人也获得了"汽车大王"的称号。

汽车驶入人类的生活

"T"型车之所以畅销，靠的是性能优良、价格便宜、使用方便、外形美观等因素。

然而，由于当时福特公司的设备不足且相对落后，因此难以满足产品畅销对数量的要求。即使在底特律的工厂里，组装汽车还是靠技工从一种工件移向另一种工件。这种组装方式进度慢，产量低。

1910年，福特在新建的高原公园工厂里，创造了新的汽车生产方式，要求任何布局都必须能使工件尽可能不受阻碍地从一台机床"流"向另一台机床，尽量减少不必要的动作和碍手碍脚的隔机搬运，以实现真正的流水线作业。为了实现生产过程的连续性，必须解决部件的传送方法。他们将各工作台连接起来，安装上一系列动力滑槽，使工人加工好的部件自动滑向另一工作台。

1913年初，公司又改变了旧式的静态组装方式，将60个底盘及车身排开，每一底盘都安放在一对木马上，工人不间断地从一个工作位移向另一个工作位，重复特定的动作。

1914年1月14日，福特公司高原公园工厂安装了第一条全过程链式总装传送线，能在93分钟内装成一辆汽车，所需时间是7个月前的1/10。不久，工程技术专家又在总装配线的两边安装了移动式的供给线，解决了场地部件的拥塞问题，生产效率大大提高。

福特公司组装方式的成功，在汽车工业史上写下了光辉的篇章。至今，大批量流水作业的生产方式，仍被称为福特生产方式。

20世纪20年代是福特公司的鼎盛时期。美国越来越多的求职者涌进了该公司的大门，为了满足日益增长的市场需求，福特多雇用了4000多名员工，把原来的9小时两班制改为8小时三班制。

到1913年，福特公司净利润已超过1350万美元，但员工们的薪水一天却只有2—2.5美元，生活仍然很苦。1913年夏天，终于爆发了工人大罢工。为了对付罢工的威胁，公司于1914年1月5日宣布了每日5美元工薪的方案。

对于实行员工加薪的做法，福特的说法是："我提高工人的薪资，并不是对贫苦人的施舍，只是想把公司由于工作效率提高而产生的利润让大家分享罢了。而且当员工生活富足以后，消费水平也会相应提高，这些钱在市面上灵活地流通，也会连带地使"T"型车销售量提高。"

福特还认为，提高工资、缩短工作时间这两项改革，将是"新工业秩序"的起点。

8小时5美元工作日的决定，成为降低成本的有效措施，福特公司也因而获得了高于增加工资额两倍的盈利，员工的跳槽率降低了90%，无故缺勤率也从每日10%降至3%。

福特公司劳资方针的改革，加上新设备、新材料、新技术的应用，使生产蒸蒸日上，产量大大提高。原卖800美元一辆的"T"型车，1913年降到500美元，1916年再次降为450美元。此时，福特公司每年生产200万辆"T"型轿车，占世界汽车产量的一半。

1927年5月26日，特福公司第1500万辆"T"型车开出了装配线，"T"型车从此停产，公司又开始了换型的生产计划。1928年10月21日，"A"型车问世。福特在全美各主要报刊刊登广告，仅3天时间，在纽约市场上就收到了5万份订单。在很短的时间内，"A"型车的销量高达125万辆，市场占有量为34%。此时福特建立了爱迪生学院，开放了福特博物馆和格林菲尔德山庄。

可惜好景不长，美国出现了经济大萧条，猛烈地冲击着底特律和福特汽车公司。由于汽车行业的生产和销售严重下降，1/3的工人完全或部分领不到工资。1929至1932年，福特公司在职员工由10万多人减到5.6万人。

福特汽车公司衰落到这种地步，与福特本人不无关系。1915年，福特公司一跃成为世界最大的汽车制造公司后，福特本人被胜利冲昏了头脑，从此他实行家长式领导，任人唯亲，个人专断，公司管理混乱，机器、厂房陈旧无人过问，致使生产连年滑坡。1929年福特在美国汽车市场占有率下降为31.3%，1940年跌至18.9%。到1945年，公司竟每月亏损900多万美元，濒临破产边缘。1945年9月30日，福特不得不让位于他的孙子。

1947年4月7日，福特因患脑出血，结束了他83岁的人生旅程。

汽车，是福特生命延伸的影子。到今天，人们仍然时刻感觉到他的存在，也许这种情况还要持续很久，很久……

为人类插上翅膀

古人的幻想与探索

在同大自然的斗争中，人类很早就憧憬着能在蓝天下自由地飞翔。但是，在生产力落后的古代，人们只能把愿望寄托于神话和传说之中。在中国，嫦娥奔月、列子驾风飞行、《西游记》中的孙悟空腾云驾雾等神话故事，反映了我国古代劳动人民征服天空的美好愿望。

嫦娥是谁呢？嫦娥是我国古代传说中的一位美女。她是为民除害、善于射箭的后羿的妻子。传说离现在好几千年的尧帝时代，天上出现了十个太阳，把大地烤得焦焦的，草木庄稼枯萎，弄得人都快饿死了。于是尧叫后羿挽起他的强弓，接连射掉了九个太阳，只在天空留下一个，给大地以光明和温暖，于是，地上的草木庄稼又蓬勃生长起来。

有一天，后羿向西王母求到了一些长生不老的仙药，准备和他的妻子嫦娥一同吃。谁知给嫦娥偷偷地一人全部吃了，之后她便飞升到月亮上面，成为广寒宫的仙女，把后羿撇在地球上。

我国古代的诗歌有一名句：

"嫦娥应悔偷灵药，

碧海青天夜夜心。"

另有一个传说，说的是在两三千年前的春秋时代，秦国有一个很会吹箫的人叫萧史，秦穆公的女儿弄玉很喜欢吹箫，便招萧史为婿。两人常常配合吹奏，乐声非常美妙，好像鸾凤的吟鸣。有一天，乐声当真把凤凰引来了，甚至龙凤一齐来迎接萧史和弄玉，于是萧史骑着龙，弄玉跨着凤，一齐飞升上天去了。

我国古代商朝还流传着这样一个故事：在北方有个"奇肱"国，那里的人只有一只手臂却有三只眼睛。他们很聪明，能做很奇巧的器械叫"飞车"，飞车能随着风飞得很远。有一天，奇肱国人乘着飞车飞到中国，商帝把他们留下来，照样做了一个飞车，从此商汤的人也能飞行了。

　　为了能在空中飞翔，古人对鸟类的飞行进行了长期的观察和模仿。在春秋时期，有一个著名的工匠鲁班，据说他用竹子等材料制成了能飞的木鸟。西汉王莽时期（公元9—23），有人用鸟羽做成翅膀，从高处滑翔数百步后坠落下来，作了人类历史上第一次勇敢的尝试。我国晋时的葛洪（约公元283—363）最早提出了滑翔理论，并把上升的气流称为"罡气"。在明朝弘治年间，有人设想把椅子绑在两个大风筝之间，装上47个火药筒，用火药的推力使人飞上天空。

　　在国外，人们试图制造人工翅膀，盼望能像鸟儿一样"振翅高飞"。据说首先产生这一奇想的就是画家达·芬奇。

　　人类征服天空的首次尝试是在1873年，当时有人利用比空气轻的热气球，载着人腾空而起，升到了900米的高空。

　　大致说来，人类从开始设计制造飞机，到第一架可以实用的飞机上天，大约经历了一个世纪。

　　第一位研究设计和制造飞机的人，是英国的凯利爵士。1804年，他开始有目的地从事这一工作。1843年，他制成一种叫做"空中车子"的飞行器械，在推进器和旋转翼的应用方面，为后人提供了借鉴。虽然他一生也没有制成一架能够起飞的飞机，但他在飞机的诞生史上所作的贡献是不可磨灭的。

　　1842年，英国两位工程师汉生和斯特林菲罗制造出一种叫"空中汽车"的飞机模型，他们第一次采用了蒸汽机——螺旋桨推进系统，为飞机的诞生奠定了推进和动力基础。由于当时的科学技术还很不完善，特别是对空气动力学的研究还很落后，气动结构也不合理，结果"空中汽车"未能升离地面。

　　1852年，法国人季法儿把一个5马力（约7千瓦）的蒸汽发动机放在一只气球上，使气球沿着一定的方向飞行，从此飞船问世。后来，飞船的技术不断得以改进，但始终解决不了船体大、行动慢、不稳定、不安全等许多问题。从1870年起，人们又热衷于对滑翔机的研究，但亦碰到如何制造一个体积小、功率大的发动机的问题。直到1876年奥托内燃机出现和1883年达姆勒汽油机发明后，问题才真正得以解决。至此，阻碍飞机起飞的关键障碍可以说被排除了，飞机上天只是时间早晚的问题。

1874年，法国的堂布勒制造出一架飞机，并且试图载人飞行，结果飞机未能升空，只是在地面上跳动了一段距离。

在飞机诞生史上，俄国人莫扎伊斯基是一位值得大书特书的人物。1882年，他制造出一架单翼飞机。飞机的结构由机翼、尾翼、动力装置、螺旋桨、起落架和简单的机身等五大部件组成。这正是现代飞机的雏形。但是，由于莫扎伊斯基对空气动力学和翼型的理论重视不够，没有把机翼做成曲面，而是做成了一块长方形的平板，长宽之比也不合适，因而这架飞机也同样没能飞离地面。

1898年，美国史密斯研究所负责人兰莱，开始设计用汽油内燃机代替蒸汽机作飞机发动机，1903年10月7日，他试制的飞机试飞一连两次均告失败。同年12月8日，由另一美国人蒙尼驾驶兰莱设计的这架飞机试飞时，不幸失事，兰莱的试验就此中断。然而，兰莱将汽油内燃机引进飞机制造的创举，在飞机诞生史上写下了光辉的一页。

莱特兄弟迷上了飞机

随着岁月的流逝，人类跨进了20世纪。美国的莱特兄弟二人在总结前人经验的基础上，于1903年制成了世界上第一架有动力、可载人、能稳定飞行的飞机。人们自由地在蓝天展翅飞行的理想终于实现了。

威尔伯·莱特（Wilbur Wright，1867—1912）和奥维尔·莱特（Arville Wright，1871—1948）兄弟两人，都出生于美国俄亥俄州的工业城市迪顿，兄弟共5人，他们是最小的两兄弟。

父亲密尔顿·莱特是一个牧师，是一个小宗教团体的负责人，他心地善良，助人为乐，还是一位藏书家，他收藏了国内外大量书籍，经常教导孩子们要好好读书。

密尔顿的收入不多，全家养成了勤俭朴素的习惯。莱特兄弟的母亲是德国一名造车木匠的女儿，后来全家逃到美国居住。她有较高的音乐天赋，并擅长干木匠活。

威尔伯小时候就喜欢读书，也爱好运动，是花样滑冰能手，10岁时因滑冰摔伤，上门牙全部脱落。从那以后，他就不再上学了，留在家里照顾有病的母亲。他的母亲于1889年去世。

莱特兄弟二人从小阅读了父亲收藏的众多书籍，有神学的、哲学的，还有童话、历史和科学技术方面的，特别是马雷的《动物的机械论》，对他们以后的研究事业产生了很大的影响。

弟弟奥维尔比哥哥小四岁，小时候非常调皮，经常逃学。他们兄弟都没有上过大学，高中毕业后便出来工作了。

当时，美国的年轻人都喜欢搞印刷，出版报纸。他们兄弟二人也出版自己的"报纸"。弟弟奥维尔不擅长写文章，就购置零件自己装配印刷机械搞印刷，由哥哥威尔伯写文章。后来威尔伯能写出一手好文章，成了一名业余作家。

他们兄弟二人头一次接触飞机，是在1879年。当时父亲买回一架法国人佩诺设计的玩具直升机，作为送给两兄弟的礼物。兄弟俩爱不释手，还自己动手仿制了几架，竟然成功地飞上了天。哥哥善于动脑，弟弟善于动手，两人合作，亲密无间，左邻右舍无不羡慕。

1892年，莱特兄弟合开了一个自行车店。当时美国进口了前后轮同样大小的"安全自行车"，他们兄弟出售的都是一些著名厂家生产的自行车，同时兼修自行车，生意十分兴隆。

经营自行车店不久，一天他们听到德国人李连达尔进行空中滑翔的消息，马上产生了很大的兴趣。兄弟二人到迪顿的图书馆去查找有关飞行的资料，但没有找到可供参考的东西，于是，他们给研究航空的斯密索尼亚协会写信，索取有关的文献资料。

斯密索尼亚协会是美国的国立学术机关，有博物馆、图书馆、美术馆等多种设施。不久，这个学会给莱特兄弟寄去了奥克泰普·谢纽特的《飞机的发展》、兰格莱的有关空气动力学的著作等书籍。其中他们对李连达尔的《飞行问题和滑翔实践》一书最感兴趣，兄弟二人多次阅读了这本书，大大触发了对飞行的兴趣。

滑翔，是鸟类一种最简单的飞行动作，也是人类最容易模仿的飞行动作。人们发现，许多鸟类有时在空中不用扇动翅膀也可以飞行，由此而启发了人类的智慧。后来，人们把某些物体不依靠动力而利用空气的浮力和本身重力的相互作用，在空中飘行的过程叫滑翔。

1853年，英国发明家凯莱制成了世界上第一架实用的载人滑翔机。滑翔机载人飞上天空，轰动了欧美许多国家，从此掀起了研制滑翔机的热潮。

到了19世纪末的后10年，由于科学技术的进一步发展，人们研究滑翔机的热情更高涨了，许多著名的学者和机械发明家，都利用自己掌握的最新的科学技术，投入到这一研制当中。然而，他们的试验都一个接一个地失败了。

德国滑翔机实验大师李连达尔通过多年的细致观察，总结了人类模仿鸟类飞行的各种方法，发表了一部轰动欧美的《鸟类飞行与人类飞上天空》的著作。他在书中详细地构想出人造翅膀的理想形状和构造。他那精彩的滑翔飞行，更使大西洋两岸的人为之称赞。然而，正当李连达尔连续成功地进行2000多次滑翔飞行，成为人们心目中的空中英雄的时候，他在一次即将结束的盘旋滑翔飞行中，突然从后方吹来一股狂风，使滑翔机撞在山上，顿时机毁人亡，造成了重大的飞行惨剧。

当这一消息传到美国俄亥俄州的迪顿市时，莱特兄弟无比震惊。他们兄弟俩决定继承李连达尔的事业，专攻飞行技术，以慰藉死者的在天之灵。

1896年，那时哥哥威尔伯29岁，弟弟奥维尔25岁。他俩决定省吃俭用，用修理自行车挣来的钱从事飞行研究。从此，他们经常阅读、讨论有关飞行的书籍、报道和文献，虽然他们的文化水平不高，但能刻苦自学，善于钻研，努力掌握飞行的基本理论知识。

荆棘载途的试验

飞行研究从一开始便遇到了困难，因为莱特兄弟在德文面前是文盲。于是兄弟俩立即开始攻读德文，用不长的时间基本掌握后，便开始钻研德文版《鸟类飞行与人类飞上天空》和《滑翔实践》等著作。李连达尔在书中写道："每一只鸟都是一名特技表演师"，"谁要飞行，谁就得模仿鸟儿"。于是，他们晚上读书，白天尽量利用时间观察鸟的飞行。他们连续几天跑到荒山野岭，卧在岩石上几个小时一动不动地仰望蓝天，观察老鹰的飞行动作，看它们是怎样起飞，怎样盘旋，又怎样滑翔的。晚上回家后，他们又急切地集中精力学习数学、物理学、机械学等课本。他们还不时写信请教兰格雷教授，并得到了夏努特技师的指导。

经过一番刻苦钻研，奋力探索，他们决定开始动手试验，就从滑翔飞行入手。

然而他们在试验中发现，李连达尔提出的模仿鸟类翅膀的滑翔机并不管用。他们根据自己的计算，设计制作了一个有上下两层看起来像是一个长方形的翅膀的机翼，这种机翼不仅可以增加浮力，还能够大大减小空气的阻力。

就在这个时候，一连串的飞行失事的消息陆续传来：英国的皮尔查技师试飞失事丧命；随后，一位马克沁姆爵士在试飞时摔伤，几乎丧命；法国阿德尔技师制作的飞机在空中解体粉碎……

但是，这一切并没有动摇莱特兄弟从事飞行研究的决心。他们坚信一条真理——一切美好的东西都是从斗争和牺牲中获得的。正是那些勇敢地面对死神而不幸牺牲了的人们，为后人的成功提供了宝贵的经验和理论知识。

莱特兄弟二人认真地总结前人试飞的成功经验和失败教训，努力钻研刚问世的空气动力学理论，并不断地完善机械加工手段。

他们经过长时间的研究，得出了一个重要的发现：当机体向左右偏斜时，必须变化两翼翼面的弧度，以使升力产生差距，借此扭转倾斜度。于是他们用风筝进行试验，结果被证实是可行的——这一补助翼的原理，至今仍被所有的飞机所采用。

莱特兄弟夜以继日地赶制一架滑翔机，以便进行实验。试制工作临近尾声时，他们还需要找一个理想的试飞场地。于是他们写信给华盛顿气象台，询问各地一年间的风速记录，同时征求了滑翔机专家夏奴特的意见，最后选择了北卡罗来纳州基地霍克城的沙滩作为试飞场地。

莱特兄弟满载建筑材料、工具、食品等去到那里，支起帐篷，搭起一个木板仓库。那儿荒无人烟，蚊虫很多。他们白天进行零件加工、组装，晚上就睡在帐篷里。

一个月后，滑翔机快要制成了。

"哥哥，先进行无人控制滑翔吧，这样更安全、稳妥。"弟弟奥维尔说。

"好的，我们不能作无谓的牺牲，这是我们今后搞飞行实验的原则。"哥哥威伯尔肯定地说。

1900年夏日的一天早晨，第一架无人驾驶双翼滑翔机像一只大风筝被放上天空，它靠捆在纵向轴上的绳子进行操纵，当左翼、右翼外后角向上或向下弯时，能产生较大的向上的推力。安装在飞机前面的升降舵可摆动操纵横轴。这次试验虽然只维持了几秒钟的飞行，但他们认为成功的希望很大。

1901年莱特兄弟又制作了一个较大的滑翔机，滑翔的距离仅达到100多米。他们原指望会有更好的成绩，而这样的结果使他们很不满意。

在夏奴特的指导下，他们制作了一个小风洞，用流体力学知识对模型翼进行实验，结果发现过去使用的数字中有几个是错误的。

于是，他们又制作了一个较大的风洞，进行了反复实验。大约用了两个月的时间，使用了200多种翼形模型，研究了它的性能，测定了机翼特性的各种参数。从而使他们的试验上升到科学理论的阶段。

1902年，莱特兄弟又制作了第三架滑翔机，获得了空前的好成绩。

经过多次无人试飞成功以后，兄弟俩按计划进行了载人试飞，情况良好，从而极大地鼓舞了他们的信心。

从1900年至1902年，莱特兄弟进行了1000多次滑翔飞行实验，获得了大量数据和丰富的实践经验。奥维尔在飞行中，还成功地试验了倾斜滑行、空中转弯等高难动作。

接着，莱特兄弟制成了装有活动舵的滑翔机，还可以通过改变机翼的角度和面积来影响空气的阻力和升力，较好地解决了升降、平衡、转弯等问题。

莱特兄弟深深懂得，光依靠无动力滑翔是不可能征服天空的，必须依靠动力才能完成真正意义上的飞行。

飞机的动力依靠什么呢？他们首先想到蒸汽机。可是，当时再精巧的蒸汽机安装在滑翔机上也显得是个庞然大物，是根本不可能做到的。于是他们把目标转向当时刚兴起不久的汽油机。然而，他们兄弟二人对汽油机的知识几乎等于零，只好又一切从头学起。

他们买来一台废弃的汽油机，卸下来又装上去，装上去又卸下来，最后总算学会使用汽油机了。但是，对于在滑翔机上安放多大的发动机才合适他们并不清楚；发动机的功率与飞行有什么关系他们也不知道。一切都要靠摸索和试验。

为了测量滑翔机的运载能力，莱特兄弟一次又一次地往滑翔机上装沙袋进行实验，最后总算弄清了他们的滑翔机最大载重不能超过90千克；也就是说发动机不能超过90千克。可是，当时最小的发动机也有140千克重。怎么办？莱特兄弟陷入了困境。

第一次只飞行了12秒

自近代科学技术出现以来，人类的业绩可分为两个方面：一是从自然中发现客观规律；二是创造了一些自然界不存在的东西。莱特兄弟最大的乐趣就是从事"从无中创造有"的事业。没有合适的发动机，就"自己研制"！他们兄弟俩很快又变成了发动机制造商。

20世纪初期，汽油机的制造算是一门深奥的技术。莱特兄弟以顽强的意志和决心，将研究工作的重点从飞行转向了汽油发动机。他俩刻苦攻关，执著追求的精神，感动了一位名叫狄拉尔的机械技师。

"你们兄弟俩都问我汽油机的事，看来想抢我的饭碗喽！我肚子里的那点真货差不多被你们掏空了。"狄拉尔幽默地说。

"我们一定要制造出重量轻、马力大的汽油机，然后把它装在我们的滑翔机上。"

"小伙子们，你们的精神感动了我，如果你们不嫌弃我这个老头子，算我一个，怎么样？"其实狄拉尔那时并不老。

"太好了，狄拉尔大叔，这回飞机准会成功！"莱特兄弟高兴得几乎要把狄拉尔抬起来抛向天空。

兄弟俩在狄拉尔技师的帮助下，经过许多曲折和艰辛，终于制造出了一部4个汽缸、12马力（约16千瓦）、重70余千克的汽油发动机。经过试验，运转性能良好。

他们都露出了欣慰的笑脸。第二天，他们把汽油机安装到了滑翔机上。发动机的主轴通过链条带动两副推进式螺旋桨一起旋转。一切准备就绪，只等待时机进行试飞了。

他们继续选择北卡罗莱纳州的吉蒂霍克沙滩作为飞机试验场地。

1903年9月底，飞机运到了试验场地。仲秋时节，秋高气爽，万里无云，一个多么难得的试飞的好天气呀。莱特兄弟心里十分高兴，胜利在向他们招手了。哥哥转动螺旋桨，弟弟启动汽油机，发动机启动成功，螺旋桨呼呼地飞速旋转着。弟弟奥维尔俯卧在机身的驾驶位置上，眼睛凝视前方，用脚加大油门，放开制动器，飞机缓慢地向前驶去，速度由慢变快。这时，奥维尔把操纵杆拉到了尽头，可是飞机还是在地上滑行，不料，撞到了一个土堆上，停住了。

试飞失败了，奥维尔失望地哭了起来！

"奥维尔，不要哭。我们应该找出原因！"哥哥安慰着弟弟。

狄拉尔技师从中看出了门道，他认为不能光从发动机减少重量去考虑问题，飞机的自身重量也要减轻。于是，经过进一步减轻飞机的自重后，飞机可以在瞬间离开地面飞行一段短短的距离了。

1903年11月底，一架用轻质木料为骨架、帆布为基本材料的双翼飞机制成了，莱特兄弟把它命名为"飞行者"号。这架飞机以双层机翼提供升力，由活动方向舵操纵升降和左右盘旋，汽油发动机推动螺旋桨旋转，驾驶者俯卧在下层主翼正中。经过这番改进和试运转，证明飞机性能良好，他们决定在12月14日进行一次试飞。

初冬季节，试验场上吹着凉风。为了预防万一，他们还从急救站请来5位急救人员。这次由弟弟驾机飞行，哥哥一再嘱咐他"保重！"，发动机吼声由小变大，飞机从铁轨上缓缓滑动起来，一瞬间，飞机冲出轨道，离开了地面……

当地面的哥哥和5位急救人员正在惊愕的时候，飞机又安然无恙地落到地面。

"整整飞行了3.5秒！"哥哥一边看秒表一边高喊着向飞机跑过去。

12月16日，他们兄弟二人在试验场附近的小村里贴出了一张通告，上面写着：明天上午10时30分，在沙丘上进行世界上第一次载人的飞机试飞，欢迎参观。

原以为飞机试飞会吸引很多人来，但到场的观众却很少，除急救人员外，只有两名观众，其中一名还是小孩。这大概与10天前兰利的试飞失败有关。兰利教授在美国政府的资助下，建造了一架耗资巨大、结构复杂的飞机，可是在试飞中坠毁了，摔得粉碎。因此，大家对莱特兄弟今天的试飞根本不抱希望，甚至不屑一顾。

1903年12月17日10时30分，"飞行者"号试飞又开始了。哥哥威尔伯上前用力转动螺旋桨（当时发动机用这种方式起动），随即发动机响了起来。弟弟奥维尔不慌不忙地跨上飞机，环顾了一下四周，果断地喊了一声："起飞！"只见飞机疾飞如箭，滑行一段距离后离开了地面。

"啊，它飞起来了！"人们发出了欢呼声。可惜，很快飞机又徐徐地着陆了。测量一下，飞行距离为36.5米，飞行高度为3米，飞行时间是12秒。

稍微休息一下以后，奥维尔又试飞了两次。第四次由哥哥威尔伯试飞，他居然把飞行距离提高到260米，高度200米，飞行时间达59秒。

这就是后来得到世界公认的第一次动力载人飞行记录。这在今天看来，显然是微不足道的，但在人类历史上，却是空前的。

经过整整一个世纪的探索，在不断地批判和继承前人成果的基础上，莱特兄弟终于成功地用螺旋桨作动力，以控制器控制飞行，实现了人类梦寐以求的翱翔蓝天的夙愿……

迎来了航空新时代

1903年12月17日试飞成功，莱特兄弟二人的名字很快传遍到欧美各国。

然而，莱特兄弟并不满足。他们一边调试和改造飞机，一边进行飞行表演，以扩大社会影响，募集更多的研制资金。

1904年，"飞行者"号的飞行时间延长至5分钟。

1905年，莱特兄弟又制造了一架称为"飞鸟3型"的双翼飞机。它的翼展12.2米，用一台16马力的发动机驱动两个推式螺旋桨。采用弹射器沿木制的单轨发射，并采用起落橇降落。这种技术使得飞机容易起飞，能够在不平的地面上降落。

在1905年6月到10月的试飞中，证明"飞鸟3型"飞机结构坚固，在操纵上可以倾斜、转弯，飞"8"字形和盘旋，并能以每小时约45千米的速度飞行半小时。他们在俄亥俄州德汤附近建造了世界上第一个机场和机库，在邻近的霍夫曼大草原飞行了40余次。

1905年10月14日，国际航空联合会在法国宣告成立。法国政府决定，能够绕过规定的标识往返飞行1千米以上的飞机制造者和驾驶者将受到奖励。1908年1月13日，法国人法尔曼驾驶着自己设计的飞机，成功地绕过标识往返飞行了1千米，在飞机发展史上留下了光辉的一页。

1908年春，美国人戈林·卡契斯在纽约进行了一次公开的试飞。他所使用的飞机叫"金龟子"号，飞行引起的轰动超过了莱特兄弟5年前的首次试飞。同年8月，莱特兄弟远涉重洋来到法国试飞。他们的成功表演使欧洲大陆人大开了眼界。

由于莱特兄弟试飞的成功，法国人开始对他们的飞机进行仿制。

1909年8月22日，在法国的理姆进行了第一次国际飞行竞赛，展现了人类对飞机研制和驾驶技术所取得的成就。就在这一年，法国人布莱里奥驾驶飞机成功地横越了英吉利海峡。他所驾驶的飞机发动机为25马力的汽油机，连续飞行了40千米。

我国的冯如也在此时研制出了世界上先进的飞机。他从1906年开始设计和制造飞机。1910年10月，在国际飞行协会举行的飞行比赛中，他驾驶自己设计制造的飞机获得了第一名，为中国人争得了荣誉。他拒绝了美国的重金聘请，毅然带着自己研制的飞机于1911年3月回国。令人遗憾的是，1912年8月25日，他在广州作飞行表演时不幸因飞机失事身亡。

在飞机诞生后的一段时间里，人们只是把它作为一种体育娱乐工具来看待。1914年第一次世界大战爆发后，才开始改变了人们的这种认识，使飞机由单纯的体育娱乐工具变为注重实用的交通运输工具，从而大大地刺激了飞机工业的发展。

据统计，在第一次世界大战爆发以前，世界上拥有飞机的国家，最多也才几十架。可是，第一次世界大战期间，各国的飞机数量特别是军用飞机数量成倍地增加。法国的军用飞机已达1400架，德国为1000架，苏联为800架，英国为400架，此外，中国、日本、巴西和美国等国也有一些。到1918年第一次世界大战结束，英、法、德等国的飞机均多达几千架。

飞机的发明者是美国人。1909年美国成为第一个拥有军用飞机的国家。然而，美国政府在一个相当长的时期内，却没有给予足够的重视，因而远远落后于英、法、德等国。1917年4月美国参战时，其军用飞机只有23架。这时美国政府才幡然醒悟，大力加强了飞机的研究和制造，并很快地赶上英、法而居领先地位。

1918年第一次世界大战结束时，飞机的时速已增到250千米，1920年增至313千米；飞行高度可达7000米，飞行距离为600千米。

1918年至1920年，美国首先使用飞机跨越海洋运送邮件，并将军用飞机改为民用飞机。

20年代末和30年代初，各国陆续建立了民用航空公司，开始将飞机应用于人们的交通旅行中。1930年，有10个座位的客机问世。当时最经济可靠、最受欢迎的是DC-3型运输机。当时在世界各地航线上同时飞行的有450架，连续使用了30年。

飞机，又迎来了一个新的时代。

1912年5月30日，飞机发明家之一威尔伯患伤寒病在迪顿去世，终年45岁。

威尔伯去世后，他的弟弟奥维尔在个人的实验室里选择自己所喜欢的课题进行研究，再也没有取得什么重大的成果。1948年1月3日，奥维尔在迪顿去世，终年77岁。

莱特兄弟二人终生没有结婚，他们把毕生的精力都奉献给了人类的航空事业。为了纪念他们的丰功伟绩，人们把莱特兄弟誉为航空事业的奠基者。

　　他们发明的"飞行者"号被公认为世界上的第一架飞机，至今仍保存在华盛顿美国国家航空博物馆里。

世界五千年科技故事丛书

世界五千年科技故事丛书